Legasthenie und LRS im Englischunterricht

AF131955

Waxmann Verlag GmbH
Steinfurter Straße 555, 48159 Münster
info@waxmann.com

David Gerlach

Legasthenie und LRS im Englischunterricht

Theoretische Befunde und praktische Einsichten

Waxmann 2010
Münster / New York / München / Berlin

Bibliografische Informationen der Deutschen Nationalbibliothek
Die Deutsche Nationalbibliothek verzeichnet diese Publikation
in der Deutschen Nationalbibliografie; detaillierte bibliografische
Daten sind im Internet über http://dnb.d-nb.de abrufbar.

ISBN 978-3-8309-2348-0

© Waxmann Verlag GmbH, Münster 2010

www.waxmann.com
info@waxmann.com

Umschlaggestaltung: Christian Averbeck, Münster
Umschlagabbildung: © Kaarsten – Fotolia.com
Gedruckt auf alterungsbeständigem Papier, säurefrei gemäß ISO 9706

Vorbemerkung

Die vorliegende Publikation ist die Veröffentlichung meiner schriftlichen Hausarbeit zum 1. Staatsexamen für das Lehramt an Gymnasien, welches ich 2008 an der Philipps-Universität Marburg abgelegt habe. Insbesondere Kapitel 4 soll Anreize und Hilfe geben, mit denen Lehrkräfte, Trainer und Therapeuten legasthene Schülerinnen und Schüler den Schulunterricht erleichtern können.

Danksagung

Besonderer Dank gilt den Interviewpartnern, ohne deren wertvolle Zeit, deren ansteckenden Enthusiasmus und deren unschätzbare Einblicke in ihre Praxis mit legasthenen Englischlernern die zahlreichen, in dieser Arbeit zusammengetragenen Methoden und Hinweise wohl kaum hätten zusammengestellt werden können. Darüber hinaus möchte ich dem Bundesverband Legasthenie, dem Dachverband Legasthenie Deutschland, dem Ersten Österreichischen Landesverband Legasthenie und allen anderen Therapeutinnen und Therapeuten, Trainerinnen und Trainern, Lehrerinnen und Lehrern für das zur Verfügung gestellte Material und ihre Unterstützung danken.

In der Hoffnung, dass in Zukunft weiterhin vielen – leider immer noch oft vernachlässigten – Legasthenikern mit dem gleichen Eifer und Ehrgeiz der Pädagogen und Therapeuten geholfen wird, wie ich dies bei der Recherche zu dieser Hausarbeit kennenlernen durfte.

David Gerlach

Inhalt

1 Einleitung

„Die Förderung der einzelnen Schülerin und des einzelnen Schülers ist Prinzip des gesamten Unterrichts und Aufgabe der gesamten schulischen Arbeit."

(Kultusministerin Karin Wolff;
HESSISCHES KULTUSMINISTERIUM 2007, S. 7)

„Wenn die Methoden, die in der Schule vermittelt werden, ausreichen würden, hätten die Kinder ja die Probleme nicht."

(Legasthenietherapeutin im Interview)

1.1 Problemstellung

Eine Vielzahl durchgeführter Untersuchungen legt nahe, dass zwischen 5 und 25 Prozent der Schüler mittel- und nordeuropäischer Länder eine Leseschwäche, Lese-Rechtschreib-Schwäche oder Legasthenie aufweisen (SCHULTE-KÖRNE 2001, S. 1; BÜHLER-NIEDERBERGER 1991).[1] Pro Schulklasse von etwa 20 Schülern sind folglich mindestens ein, unter Umständen aber bis zu fünf Legastheniker darunter, die je nach Schweregrad der Legasthenie teils erhebliche Probleme beim Lesen, Schreiben und Rechnen aufweisen.

---

[1] Je nach mehr oder weniger stark umrissener Definition der in die Statistiken einbezogenen Teilleistungsschwächen, also „Legasthenie", „Lese-Rechtschreib-Schwäche", „umschriebene Lese-Rechtschreib-Schwäche" o.ä. schwanken die Angaben zu der Zahl betroffener Kinder in diesem Bereich zwischen 5 und 25 Prozent. Zur Breite des Begriffsverständnisses siehe auch 2.1.

Dass diese Probleme dann nicht nur auf den Deutsch- und Mathematik-
unterricht beschränkt sein dürften, sondern sich auf den gesamten Schulalltag auswirken, erschließt sich auch ohne die Kenntnis der tiefergehenden
Symptomatik. So stellt besonders Englisch als Fremdsprache – mittlerweile als Verkehrssprache (*lingua franca*) in der heutigen Welt von enormer
Wichtigkeit – viele legasthene Kinder vor große Schwierigkeiten, mit
denen sie mittlerweile bereits im Anfangsunterricht der dritten Grund-
schulklasse konfrontiert werden. Zwar beschränken sich die Inhalte dieses
Anfangsunterrichts auf die Vermittlung eines basalen Wortschatzes, welcher „der Erlebnis- und Erfahrenswelt der Kinder entsprechen"
(HESSISCHES KULTUSMINISTERIUM 1995, S. 246), und finden in einem weitestgehend zeitdruckfreien Umfeld statt, jedoch ändert sich diese Situation
schlagartig beim Übergang in das mittlerweile achtjährige Gymnasium, in
dem der Englischunterricht offensichtlich keine Zeit mehr lässt, um auch
für lernschwache Schüler die Grundlagen zum Erwerb der Sprache zu legen. Der anhaltende Boom des privaten Nachhilfesektors zeigt – wie in den
beiden Zitaten oben angedeutet –, dass die Schule anscheinend nicht das
leisten kann, was sie sollte bzw. nicht den Ansprüchen, die sie selbst an
sich stellt, erfüllen kann. Aber wie können Lehrerinnen und Lehrer legasthene Kinder in ihrem Englischunterricht fördern? Wie können sie Legastheniker als ersten Schritt überhaupt erst einmal erkennen? Dies soll Thema dieser Publikation sein. Sie entstand aus meinem eigenen gesteigerten
Interesse am Thema Legasthenie und der evidenten Wichtigkeit der Unterstützung legasthener Kinder im allgemeinen Unterrichtsalltag. Die geringe
Zahl an Publikationen zum behandelten Themenbereich zeigt die bisher
eher stiefmütterliche Behandlung der Problematik in der Pädagogik und
Fachdidaktik. Darüber hinaus fehlt es im deutschsprachigen Raum leider
an ausreichend unterstützendem Material zur Legasthenieförderung im
Englischunterricht, während für den Fachbereich Deutsch ganze Verlage
entstanden sind, die engagierte Lehrer mit Materialien versorgen.

1.2 Gang der Untersuchung

Aus diesen genannten Gründen soll die vorliegende Arbeit nicht nur theoretische Befunde über den komplexen Themenbereich Legasthenie allgemein und spezieller im Englischanfangsunterricht zusammentragen, sondern es sollen auch im Besonderen die in Kapitel 4 dargestellten Ergebnisse meiner Befragungen von langjährigen Legasthenietherapeuten, -trainern und -lehrern als sinnvolle Hilfestellung und Handreichung für Lehrer dienen, die nicht davor zurückschrecken, auch legasthene Kinder im ohnehin eng gesteckten Lehrplan zusätzlich zu fördern.

Zu diesem Zweck werden in Kapitel 2 zunächst die theoretischen, medizinischen und psychologischen Grundlagen zur Begriffsdefinition der Legasthenie, zu Ursachen, zur Symptomatik, Diagnostik und Therapierbarkeit dargelegt. In Kapitel 3 erfolgt der Bezug zum Englischunterricht durch die Darstellung der psycholinguistischen Schwierigkeiten, die sich deutschen Schülern beim Lernen der englischen Sprache stellen, und zum durch die schulrechtliche Verordnung zur Behandlung leserechtschreibschwacher Kinder des Bundeslandes Hessen gegebenen Rahmen. In diesem Zusammenhang werden auch die ersten allgemeinen Grundanforderungen für eine erfolgreiche Legasthenikerförderung im Englischunterricht aufgestellt, bevor diese dann in Kapitel 4 zusammen mit den eben bereits erwähnten Erfahrungen von Legasthenietherapeuten unterstützend auch in Bezug auf das Schulbuch *English G 21 A1* (SCHWARZ 2007)[2] dargestellt werden. Als Herangehensweise wurde die Methode des Experteninterviews[3] für Kapitel 4 gewählt, um der schwierigen und komplexen Thematik dieser Publika-

---

2   Die Englisch-Schulbuchreihe *English G 21* wird eines der Hauptwerke der fünften Klasse in den Gymnasien Hessens in den nächsten Jahren sein und daher bei dieser Auswertung mit einbezogen werden. Wie später noch dargelegt werden wird, dient die exemplarische Darstellung einzelner schulbuchgestalterischer Aspekte lediglich der Veranschaulichung und zur Anregung der Gestaltung zukünftiger Werke auch anderer Verlage.

3   Die genaue Vorgehensweise bei der Durchführung und Auswertung der Interviews wird in Kapitel 4 dargestellt werden und würde an dieser Stelle vor der Darstellung der theoretischen Grundlagen zu weit führen.

tion mit einem bestmöglichen und umfangreichen Ertrag bei der Zusammenstellung der Ergebnisse zu begegnen.

2 Legasthenie und Lese-Rechtschreib-Schwäche – Grundlagen

Zunächst soll im Folgenden der Begriff der Legasthenie klar umrissen und für diese Arbeit definiert werden, bevor auf die basalen Ursachen, Symptome und deren Diagnostik sowie Therapierbarkeit eingegangen wird.

2.1 Legasthenie

Ende des 19. Jahrhunderts prägte der Augenchirug Morgan den Begriff der „angeborenen Wortblindheit" und berichtete damit zum ersten Mal von den Problemen einiger Kinder beim Lesen und Schreiben (MATTHYS-EGLE 1996, S. 59). Der Begriff der Legasthenie – vom Lateinischen *legere*[4] = lesen und Griechischen *astheneia* = Schwäche – wurde dann zuerst zu Beginn des 20. Jahrhunderts von PAUL RANSCHBURG (1916) geprägt, dessen Forschungen allerdings darauf hinausliefen, legasthene Kinder als geistig zurückgeblieben einzustufen, was nach heutigem Forschungsstand überholt ist. Eine Definition des Begriffs Legasthenie erscheint aber nicht einfach, wenn man sich die verschiedenen Definitionsansätze verschiedener Quellen anschaut: So wird oft neben einer Legasthenie auch noch von einer Lese-Rechtschreib-Schwäche (LRS) gesprochen oder einer Lese-Rechtschreib-*Störung*, die wiederum wohl eher eine Legasthenie sei (SCHEERER-NEUMANN 2002, S. 36). Und dann ist die englische Übersetzung von Legasthenie, die *dyslexia*, wiederum ins Deutsche als Dyslexie übersetzt, etwas anderes als eine „normale" Legasthenie (WIRTH 2000, S. 393-394).[5]

---

4   Fremdsprachliche Begriffe werden – sollten sie nicht im Speziellen Bestandteil von Zitaten oder Titeln sein oder anderweitig verwendet werden – genauso wie Buchtitel im Kursivdruck dargestellt.

5   Unabhängig von den beiden zentralen Begriffen „Legasthenie" und „Lese-Rechtschreibstörung/-schwäche", die auch hauptsächlich in dieser Arbeit verwendet werden sollen, stellt MATTHYS-EGLE (1996, S. 64) viele weitere Begriffe

Nachfolgend sollen daher aufgrund dieser unterschiedlichen Sichtweisen die nach dem aktuellen Forschungsstand wichtigsten und am meisten gebräuchlichen Definitionsansätze kurz erläutert werden.

2.1.1   Begriffsabgrenzung

Durch die lange Verankerung der Legasthenieforschung während des 19. Jahrhundert im Bereich der Medizin wurden legasthene Menschen oft als hirnkrank pathologisiert. Im Laufe der Zeit rückte die Forschung in den Bereich der Psychologie vor und man suchte auch vermehrt nach nicht-medikamentösen Therapiemöglichkeiten. Der Begriff „Legasthenie" wurde in der Kultusministerkonferenz von 1978 abgeschafft, da man medizinische Konnotationen vermeiden wollte (MANN 2001, S. 187). Die WORLD HEALTH ORGANIZATION (WHO) klassifiziert in ihrer ICD-10 (*International Statistical Classification of Diseases and Related Health Problems*, 10. Revision) aus gleichem Grund keine Legasthenie mehr, sondern unter der Überschrift „Psychische Störungen" und „Entwicklungsstörungen schulischer Fertigkeiten" eine umschriebene Lese-Rechtschreib-Störung und eine isolierte Rechtschreibstörung (WHO 2007). Erstere wird wie folgt definiert:

> „The main feature is a specific and significant impairment in the development of reading skills that is not solely accounted for by mental age, visual acuity problems, or inadequate schooling. Reading comprehension skill, reading word recognition, oral reading skill, and performance of tasks requiring reading may all be affected. Spelling difficulties are frequently associated with specific reading disorder and often remain into adolescence even after some progress in reading has been made. Specific developmental disorders of reading are commonly preceded by a history of disorders in speech or language development. Associated emotional and behavioural disturbances are common during the school age period."

---

vor, die die Wissenschaft der letzten 130 Jahre geprägt hat. Darunter: „Schreibstammeln", „Kongenitale Wortblindheit" und „Familiäre Wortblindheit".

Beachtenswert ist dabei, dass sowohl Entwicklungsverzögerungen in der Sprach- und Sprechentwicklung als auch eine psychologische Ursache für eine Lese-Rechtschreib-Störung einbezogen werden. Hingegen äußert sich die umschriebene isolierte Rechtschreibstörung nach der ICD-10 nur in Problemen beim Schreiben oder Buchstabieren (*spelling*), ohne dass eine Lesestörung beobachtet werden kann.

Darüber hinaus unterscheidet WIRTH zwischen dem „deutschen" Begriff „Legasthenie" und dem englischen *dyslexia* (Dyslexie), wobei erstere eine Störung darstellt, die beim Lernen von Lesen und Schreiben interveniert, während die Dyslexie die Ausübung einer bereits erworbenen Schriftsprache behindert (WIRTH 2000, S. 393-394). Bei einer Perzeptionsdyslexie können einzelne Buchstaben nicht klar wahrgenommen und voneinander abgegrenzt werden, während bei einer Integrationsdyslexie die Verbindung zwischen Schrift- und Sprechbild nicht gegeben ist bzw. der Sinn des Gelesenen oder zu Schreibenden mit Erfahrungswerten nicht ausreichend untermauert wird.

Eine weitere Unterscheidungsmöglichkeit bietet jene des Ersten Österreichischen Dachverbandes Legasthenie (EÖDL), welcher zunächst die LRS von einer Legasthenie dadurch abgrenzt, dass eine LRS grundsätzlich erworben wird, d.h. sie ist nicht wie eine Legasthenie „angeboren" und zeigt sich in differenzierten Sinneswahrnehmungen (s. 2.2.2), sondern als Schwäche in der Schule beim Lesen und Schreiben bedingt durch äußere, meist psychisch belastende Einflüsse wie Probleme in der Familie oder Probleme mit gleichaltrigen Klassenkameraden (KOPP-DULLER 2003, S. 16-19). Eine nach dieser Definition genetisch und neurobiologisch bedingte Legasthenie wird dann noch unterschieden in eine Primärlegasthenie, welche die „normale" Ausprägung eben jener darstellt, und eine Sekundärlegasthenie, bei welcher noch verstärkend die Einflüsse einer LRS – also äußere, psychisch belastende Faktoren – die Leistungen eines legasthenen Menschen negativ beeinflussen (KOPP-DULLER 2003, S. 28-32).

2.1.2   Gebrauch des Begriffs Legasthenie in dieser Arbeit

In der vorliegenden Arbeit wird trotz der unter Umständen pathologisierenden Konnotation der Begriff der Legasthenie synonym mit Lese-Rechtschreib-Schwäche verwendet, da er weitläufiger und umfassender ist als die LRS.[6] Da Jungen häufiger von einer Legasthenie betroffen sind als Mädchen (MANN 2002, S. 193), werde ich die Betroffenen in dieser Arbeit auch vorwiegend mit der männlichen Form „Legastheniker" ansprechen,[7] trotz dass es natürlich einen nicht zu verachtenden Prozentsatz Mädchen gibt, die ebenfalls unter den Symptomen leiden.

Wenn in dieser Arbeit von Legasthenie oder Lese-Rechtschreib-Schwäche gesprochen wird, wird zunächst grundsätzlich von genetischen, neurobiologisch/-psychologisch und durch Umweltfaktoren bedingten Lese-Rechtschreib-Problemen ausgegangen (zu den Ursachen s. 2.2). Bei der Mehrzahl der Interventionsmöglichkeiten, die vorgestellt werden sollen, wird weitestgehend keine Rolle spielen, ob die Ursache der Legasthenie rein psychischer oder genetischer Natur ist: Sofern das rechtschreibschwache Kind die Motivation zur Veränderung und Interventionsbereitschaft zeigt bzw. dazu ermutigt werden kann, sollten die vorgestellten Methoden eine auf längere Sicht erfolgversprechende Möglichkeit eröffnen, die Lese-Rechtschreib-Probleme in den Griff zu bekommen – zumindest so weit,

---

6   Unter anderem setzt sich WALTER (1996, S. 13-17) für eine generell synonyme Behandlung der Begriffe „Legasthenie" und „Lese-Rechtschreibschwäche" ein, da Legasthenie in früheren Definitionen den Aspekt des Zusammenhangs zwischen Minderintelligenz und Lese-Rechtschreib-Leistung enthielt, was er kritisiert: „Die nicht nur sachlogisch begründbare sondern auch empirisch nachgewiesene Unbrauchbarkeit des Intelligenz-Diskrepanz-Kriteriums ist ein schwerwiegender Sachverhalt, der einen Paradigmenwechsel in der Legasthenieforschung dringend erforderlich macht." (WALTER 1996, S. 17) Zum Zusammenhang zwischen Legasthenie und Intelligenz: s. Kapitel 2.2.3.4.

7   In gleicher Weise wird z.B. mit „Lehrer", „Schüler" und ähnlichen, geschlechtlich bivalenten Begriffen verfahren, wobei in dem Zusammenhang immer natürlich auch die weibliche Form gemeint ist, sofern nicht gesondert ausgewiesen.

dass ein gehobener Schulabschluss keine unüberwindbare Hürde mehr darstellen muss.

2.2 Ursachen der Legasthenie

Die Ursachen einer Legasthenie sind mannigfaltig und noch nicht vollständig erforscht. Die seit den 1970er Jahren fortschreitenden Entwicklungen und Testverfahren vornehmlich in der Kinder- und Jugendpsychologie tragen aber ihren Teil dazu bei, dass sich mittlerweile spezielle Problemfelder und Ursachen herauskristallisiert haben, welche in der folgenden Grafik dargestellt sind:

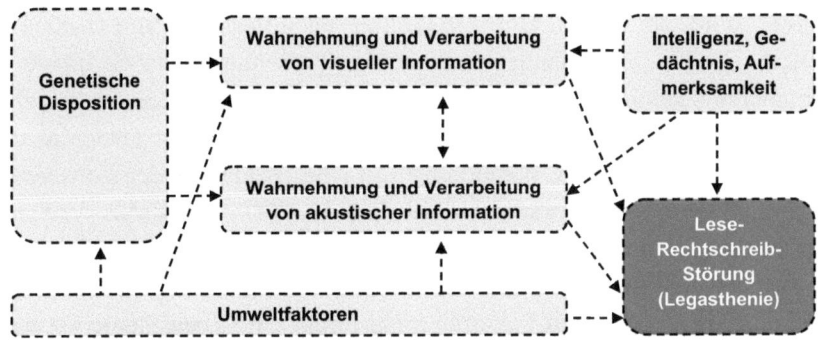

Abb. 1: Mehrebenen-Ursachenmodell der LRS
(Quelle: In Anlehnung an SCHULTE-KÖRNE 2003a, S. A397)

Diese weitestgehend medizinischen, aber auch psychologischen wie neurobiologischen Erkenntnisse, die – neben anderen – in Deutschland seit Beginn des letzten Jahrzehnts führend von SCHULTE-KÖRNE in diversen Publikationen und Studien vorangetrieben werden, sollen nachfolgend ausführlicher dargestellt werden, um später für ein grundlegendes Verständnis der hinter der Legasthenie stehenden Problematik sorgen zu können.

2.2.1   Genetische Ursachen

Das vermehrte Auftreten von Legasthenie in Familien ließ früh vermuten, dass die Ursache der Lese-Rechtschreib-Probleme genetischer Art ist und man so bereits Ende des 19. Jahrhunderts von einer „erblichen Wortblindheit" sprach. Die genetische Disposition wurde in den vergangenen Jahrzehnten durch die fortschreitenden Möglichkeiten in der Genforschung bestätigt. So haben Stammbaumanalysen gezeigt, dass die Legasthenie dem Muster eines dominanten Erbganges folgt, sodass die Wahrscheinlichkeit, dass ein Kind eines legasthenen Elternteils auch eine Legasthenie entwickelt, bei annähernd 50 Prozent liegt. In Zwillingsuntersuchungen wurde festgestellt, dass die Heritabilität einer Legasthenie bei 50 bis 60 Prozent liegt und somit zu diesem Prozentsatz genetisch bedingt ist. Zu 40 bis 50 Prozent wird sie durch Umweltfaktoren beeinflusst (SCHULTE-KÖRNE 2001, S. 36-37). Voneinander unabhängige Forschungen haben hierzu in Genomuntersuchungen Besonderheiten bei legasthenen Menschen insbesondere auf den Chromosomen 15 und 6 festgestellt – auf letzterem das Gen DCDC2, welches die Wanderung von Nervenzellen in den Sehzentren des Gehirns steuern soll (SCHUMACHER ET AL. 2005). Ist dieser Vorgang beeinträchtigt, dürften sich bei legasthenen Kindern demnach verstärkt Probleme in der visuellen Wahrnehmung erkennen lassen. Es ist anzunehmen, dass die genetischen Faktoren nicht direkt eine Legasthenie verursachen, sondern neurophysiologische Prozesse beeinflussen, die eine Legasthenie begünstigen. Die genetische Prädisposition kann – muss aber nicht – grundlegender Auslöser einer Legasthenie sein. Die nachfolgenden Ursachen können auch davon unabhängig oder kumulativ begleitend auftreten.

2.2.2   Neurobiologische Ursachen

Im Zusammenhang mit Legasthenie wird oft von „differenzierten Sinneswahrnehmungen", also von einer von der Norm abweichender Wahrnehmung berichtet. So zeigen sich die neurobiologischen Ursachen darin, dass die Verarbeitung akustischer und optischer Reize im Gehirn legasthener Menschen anders abläuft als bei „gesunden" Menschen.

2.2.2.1 Beeinträchtigungen der akustischen Wahrnehmung

Untersuchungen haben gezeigt, dass die Wahrnehmung verschiedener Töne und Tonhöhen bei legasthenen Menschen beeinträchtigt ist. SCHULTE-KÖRNE (2002, S. 15) liefert hierzu ein aufeinander aufbauendes Modell: Danach sind basale auditive Wahrnehmungsstörungen dafür verantwortlich, dass das legasthene Kind z.B. schnell aufeinanderfolgende Töne schwer auseinanderhalten kann. Bei der Formanttransition, also der Verarbeitung zweier sprachlicher Reize z.B. in /ba/ oder /da/[8], welche normalerweise im Bereich von 20 bis 80 Millisekunden geschieht, zeigen legasthene Kinder im Vergleich zu einer nicht-legasthenen Gruppe Verzögerungen der Reizverarbeitung (FARMER/KLEIN 1995). Dies führt wiederum zu Störungen der phonologischen Bewusstheit, sodass ein legasthenes Kind Probleme hat Phoneme zu segmentieren oder keine Graphem-Phonem-Zuordnung (s. 2.2.3.1) mehr möglich ist. Dies resultiert dementsprechend in SCHULTE-KÖRNEs Modell sowohl in Störungen des Lesens als auch in Störungen der Rechtschreibung.

Neuroanatomische Untersuchungen mit bildgebenden Verfahren zur akustischen Wahrnehmung legasthener Kinder zeigten eine geringere Aktivierung der benötigten Hirnareale im akustischen Cortex im Vergleich zu einer normalen Testgruppe. Auch Vermessungen von verschiedenen Hirnarealen zeigten eine verkleinerte Ausprägung des für die Sprachwahrnehmung und akustische Reizaufnahme verantwortlichen Planum temporale bei Legasthenikern und ein um bis zu 8 Prozent geringeres Hirnvolumen. (SCHULTE-KÖRNE 2002, S. 17-19).

---

8   Die phonetische/phonologische Schreibweise in dieser Arbeit orientiert sich an der allgemeinen Lautschrift. Phone, also Laute ohne bedeutungsdifferenzierenden Anteil, werden in eckigen Klammern, Phoneme, welche als Laute Bestandteile eines Lautsystems darstellen, in schrägen Klammern dargestellt. Auf die Darstellung letzterer soll sich daher vornehmlich konzentriert werden, da eine Darstellung phonetischer Varianten (Allophone) meist nicht nötig sein wird.

2.2.2.2 Beeinträchtigungen der visuellen Wahrnehmung und Raumorientierung

Die unter Wissenschaftlern vorherrschende Meinung zur defizitären visuellen Wahrnehmung in Zusammenhang mit Legasthenie war lange Zeit, dass legasthene Menschen in der Kontrolle ihrer Okulomotorik eingeschränkt sind. Dies wurde 1999 und 2002 in Studien des Wissenschaftlers De Luca widerlegt (SCHULTE-KÖRNE 2002, S. 22-23): Er untersuchte Blickbewegung (Sakkaden) und Fixationszeiten bei leseschwachen Kindern nicht im Vergleich mit gleichaltrigen, sondern signifikant aussagekräftigeren, gleichstarken Lesern jüngeren Alters. Bei Fixationstests mit Bildern und Symbolen gab es kaum Unterschiede zwischen den Gruppen. Beim Lesen von Texten zeigte sich aber, dass die leseschwachen Kinder im Schnitt mindestens die doppelte Zahl von Sakkaden und pro Fixation im Schnitt 20 Prozent mehr Zeit brauchten als die nicht-leseschwache Kontrollgruppe. Dies zeigt, dass Kinder, die unter einer Leseschwäche leiden, dazu neigen, Sprache in kleineren Elementen aufzunehmen. Somit steht „eine globale Lesestrategie, die durch die Aufnahme von lexikalischen Einheiten charakterisiert ist, ... den Leseschwachen weniger zur Verfügung" (SCHULTE-KÖRNE 2002, S. 23). Sie sind allerdings nicht zwangsläufig in ihrer Okulomotorik eingeschränkt, sondern demnach nur in der nervlichen Steuerung der Augenbewegung, welche auf die tiefergehende Reizaufnahme zurückzuführen ist.

Mittels bildgebender Verfahren wurde festgestellt, dass die visuelle Wahrnehmung bei legasthenen Kindern oft nicht gestört ist, sondern lediglich in Konfrontation mit Symbolen wie Buchstaben und Zahlen eine geringere neuronale Aktivierung im visuellen Cortex zeigt (SCHULTE-KÖRNE 2002, S. 25-27). Aber auch die bei Nicht-Legasthenikern typische gleichzeitige Aktivierung des auditiven Zentrums bei Konfrontation mit einem geschriebenen Wort findet bei Legasthenikern entweder nicht oder stark verzögert statt.

Darüber hinaus scheint die Wahrnehmung des Raumes bei legasthenen Menschen eingeschränkt, da diese oft links und rechts vertauschen,

Schwierigkeiten mit geometrischen Figuren haben oder Entfernungen und damit zum Beispiel auch den Raum in einer Zeile beim Schreiben von Text falsch einschätzen. Die verminderte Raumorientierung äußert sich dann auch beim Lesen durch ein „regressives Scanning" (RADACH ET AL. 2002, S. 79) darin, dass in Texten Zeilen übersprungen und verloren werden und so die oben bereits angesprochene, defizitär ausgeprägte Blickbewegung den Lesefluss weitgehend einschränkt.

2.2.2.3   Minimale Cerebrale Dysfunktion

Als wichtigste Ursache der Legasthenie galt lange Zeit die Minimale Cerebrale Dysfunktion (MCD), welche Lese-Rechtschreib-Störungen mit minimalen Hirnschädigungen im frühen Kindesalter, zum Teil unmittelbar nach der Geburt durch Sauerstoffmangel, zu erklären versuchte. Dadurch würden Kinder – bei ansonsten durchschnittlicher oder sogar überdurch-schnittlicher Intelligenz – in neuronalen Verarbeitungsprozessen beeinträchtigt. Diese Dysfunktion begünstige dann auch Verhalten wie soziale Inkompatibilität von Kindern im Alltag, Störungen der Motorik oder Hyperaktivität (REMSCHMIDT 1987, S. 332-333).

Die MCD geriet in den achtziger Jahren in scharfe Kritik, da sie per defini-tionem nicht ein einzelnes Symptom, sondern eine ganze Gruppe vonein-ander teilweise unabhängig auftretender Symptome darstellte. Man sah daher auch eine Gefahr darin, dass alle von einer gewissen gesellschaft-lich-sozialen Norm abweichenden Kinder unnötig als von diesem Syndrom betroffen „abgestempelt" werden könnten (BAUER 1986, S. 9). Darüber hinaus fehlte eine klare Ursachenbeschreibung, wodurch „eine medizini-sche und/oder psychologisch fundierte MCD-Diagnose auf dem Hinter-grund standardisierter Testverfahren noch nicht erstellt werden [konnte]" (BAUER 1986, S. 9). Ein Kind, das sich mit einer MCD aber ohne geeigne-te Therapiemöglichkeiten konfrontiert sehe, befinde sich dann nach BAUER in einer Spirale der immer schlechter werdenden Schulleistungen, aus dem es aus eigener Kraft mangels Motivation und der resultierenden Aussichtslosigkeit nicht mehr herausfinden werde.

Die Begrifflichkeit gilt aufgrund der wissenschaftlichen Diskussionen um das Konzept MCD im Zusammenhang mit der Legasthenie mittlerweile als veraltet und wurde in den Neunzigern durch das Konzept der Teilleistungsschwäche ersetzt, welches bis heute Gültigkeit hat und anerkannt ist (siehe 2.3). Dass eine MCD existiert und kognitive Verarbeitungsprozesse beeinflussen *kann*, steht außer Frage. Dass sie aber – wie früher vermutet – grundlegende Ursache für eine Legasthenie ist, gilt als überholt.

2.2.3 Neuropsychologische Ursachen

Aus den neurobiologischen Problemen der differenzierten Wahrnehmungen ergeben sich neuropsychologisch, also auf der Ebene der Reizverarbeitung und -speicherung, weitere Probleme und Ursachen der sprachlichen Informationsverarbeitung, die eine Legasthenie begünstigen. Darüber hinaus fallen in diesen Bereich Aspekte wie Intelligenz und Aufmerksamkeit, die in diesem Zusammenhang näher dargestellt werden sollten.[9]

2.2.3.1 Phonologische Bewusstheit und Benenngeschwindigkeit

Unter phonologischer Bewusstheit versteht man die grundlegende Fähigkeit „lautanalytische und -synthetische Aufgaben" (SCHULTE-KÖRNE 2002, S. 20) ausführen zu können. Darunter fallen viele einzelne Bereiche wie das Erkennen von einzelnen Phonemen, also der kleinsten sprachlichen Laut-Einheiten, oder Silben in Wörtern und zum Beispiel damit verbunden

---

9 Nicht unter den neuropsychologischen Ursachen finden sich in dieser Arbeit die Sprachentwicklungsstörungen wie Aphasien oder im Kindesalter stoffwechselbedingt auftretende Sprachverzögerungen, da diese Störungen ursächlich noch extremer in die basalen neuronalen Prozesse einwirken und so symptomatisch eine eigene Gruppe bilden und auch eine spezielle Therapie nach sich ziehen müssen.

die Fähigkeit, Reime mit Wörtern mit ähnlich klingenden Endsilben zu bilden. Die Aufgaben phonologischer Bewusstheit zu bewältigen ist legasthenen Kindern aufgrund der notwendigen differenzierten akustischen Wahrnehmung nur sehr eingeschränkt möglich. KLICPERA und GASTEIGER-KLICPERA gehen davon aus, dass aber mindestens der Hälfte der leseschwachen Schüler in der ersten Klasse durch ein genaueres Training der Phonemanalyse geholfen werden könnte, eine beginnende und sich später verstärkende Leseschwäche zu vermeiden (KLICPERA/ GASTEIGER-KLICPERA 1998, S. 246).

Die von BOWERS und WOLF (2000) postulierte „*Double Deficit*"-Hypothese geht davon aus, dass zusätzlich zu Defiziten in der phonologischen Bewusstheit eine Beeinträchtigung der Benenngeschwindigkeit, also des Abrufs von sprachlichen Informationen aus dem Langzeitgedächtnis, eine Lese-Rechtschreib-Schwäche umso stärker bedingt. So hindern sich diese beiden gegenseitig beim Erwerb einer normalen Leseleistung, wenn zum einen das Kind nicht auf gespeichertes Wissen über die phonologischen, morphologischen, syntaktischen und/oder semantischen Bestandteile seiner Sprache zurückgreifen und dann auch beim Lesen selbst nicht lautanalytisch den Text korrekt aufnehmen kann. So ergibt sich ein „doppeltes Defizit", das sich in sich verstärkt.

2.2.3.2 Orthographisches Wissen und phonologisches Rekodieren

Erkennen Kinder Wortbilder und erlangen durch ihren Mutterspracherwerb und später in den ersten Schuljahren durch den Deutschunterricht ein grundlegendes orthographisches Regelwissen, so besitzen sie ein orthographisches Wissen, welches „die auf die phonologische Bewusstheit folgende und höchste Entwicklungsstufe [darstellt]." (SCHULTE-KÖRNE 2001, S. 30) Durch Untersuchungen fand man heraus, dass die Verbindung zwischen phonologischer Bewusstheit und orthographischem Wissen bei leserechtschreib-schwachen Kindern geringer ist als bei normalen Lesern: Legasthenen Kindern fehlt die orthographische Repräsentation eines Lautes bei der neuronalen, akustischen Verarbeitung, weswegen sich Defizite bei der Verschriftlichung der gehörten Sprachbestandteile zwangsläufig einstellen (SCHULTE-KÖRNE 2001, S. 33).

Der Prozess des phonologischen Rekodierens ist damit auch legasthenen Kindern nur eingeschränkt möglich. Phonologisches Rekodieren befähigt Kinder dazu, auch Wörter zu lesen, die sie noch nicht kennen, d.h. durch ihre phonologische Bewusstheit die Sprachumgebungen verschiedener Phoneme in anderen Wörtern (den „Code") korrekt wiederzugeben („recodieren"). Dies äußert sich bei Computertomographien des Gehirns in einer deutlich geringeren Aktivierung des temporo-parietalen Assoziationscortex, in dem die Graphem-Phonem-Zuordnung maßgeblich stattfindet (SCHULTE-KÖRNE 2003a, S. A402). KLICPERA und GASTEIGER-KLICPERA führen Probleme legasthener Kinder beim phonologischen Rekodieren aber auch auf ein schwaches Beherrschen von Graphem-Phonem-Korrespondenzregeln zurück (1998, S. 79), welche daher einer stärkeren Förderung bedürfen.

2.2.3.3 Aufmerksamkeit und Konzentration

Legasthene Kinder zeigen – wie oben bereits angedeutet – zeitweise Unaufmerksamkeiten bei schulischen Leistungen wie Schreiben, Lesen und Rechnen. Die Begriffe Aufmerksamkeit und Konzentration werden im deutschsprachigen Raum oft synonym verwendet, wobei die eigentlich in der Psychologie gebräuchliche Form eher die Aufmerksamkeit (vom englischen *attention*) ist.

Ausgehend von unserem Verständnis von Konzentration ist eine der wichtigsten Teilleistungen des Aufmerksamkeitsprozesses die Filterung relevanter Informationen aus einem größeren Datenbestand, eben das *Konzentrieren* und *Selektieren* wichtiger Bestandteile visueller oder akustischer Information. Legasthene Kinder zeigen oft stark ausgeprägte Probleme, über einen längeren Zeitraum ein ausreichendes Maß an Aufmerksamkeit, die sogenannte Daueraufmerksamkeit, aufzubauen. In einem Versuch wurde festgestellt, dass Kinder mit einer LRS über einen konstanten Testzeit-raum von 20 Minuten ein niedrigeres Aufmerksamkeitsniveau besaßen als die Kontrollgruppe, da „die Experimentalgruppe nicht so exakt und nicht so schnell die Buchstaben [diskriminierte]" (SCHULTE-KÖRNE 1990, S. 69). Diese grundsätzliche Benachteiligung kann auch begleitend oder ur-sprünglich als das bekannte Aufmerksamkeitsdefizitsyndrom (ADS, s. 2.3.2.1) auftreten und die ohnehin schwachen kognitiven Leistungen legas-thener Kinder auf der neuropsychologischen Ebene erheblich mindern.

In diesem Bereich der Aufmerksamkeit und Konzentration spielt auch das Konzept des Arbeitsgedächtnisses eine entscheidende Rolle. Das Arbeits-gedächtnis entspricht vom Modell her dem Arbeitsspeicher eines Compu-ters, welcher dazu dient, aktuell notwendige Informationen zwischen zu speichern und dabei innerlich für einen kurzen Zeitraum ständig zu wie-derholen, d.h. übertragen auf den Menschen z.B. das Wiederholen des An-fangs eines Satzes in Form einzelner Phoneme oder Wörter, um den Satz insgesamt am Ende der Zeile noch verstehen zu können. Dem von BADDELEY (1986) in den 1970er Jahren entwickelten Modell des Arbeits-gedächtnisses zufolge besteht seine Kernfunktion im Filtern von Informa-tion, dem Beziehen von Information aus anderen Speichern wie z.B. dem Langzeitgedächtnis und dem Verarbeiten und Speichern von Informatio-nen. Unterstützt wird diese „zentrale Exekutive" (*central executive*) durch die sogenannte „phonologische Schleife" (*phonological loop*), welche sprachliche (phonologische) Information für wenige Sekunden zwischen-speichert und der Artikulation dient, und den „visuellen Skizzierblock" (*visuo-spatial sketchpad*), welcher für das kurzzeitige Speichern visueller oder räumlicher Information verantwortlich zeichnet (GATHERCOLE/ BADDELEY 1993, S. 4). Trotz der Tatsache, dass es bisher nur wenige Stu-dien über den Zusammenhang zwischen Legasthenie und der Funktions-weise des Arbeitsgedächtnisses gibt, vermutet auch GRAF hier eine Ver-bindung, wenn man bedenkt, dass „beide Fertigkeiten, d.h. die Strategie des inneren Wiederholens und das Erlernen des Lesens und Schreibens ... während der gleichen Zeitspanne erworben [werden]" (GRAF 1994, S. 178). Es scheint daher darüber hinaus einleuchtend, dass die Funktion des

Arbeitsgedächtnisses bei legasthenen Kindern eingeschränkt sein muss, wenn man davon ausgeht, dass legasthene Menschen ohnehin, wie oben dargestellt, oft unter Aufmerksamkeitsdefiziten leiden und über phonologische Verarbeitungsdefizite verfügen, welche sich auf die phonologische Schleife auswirken dürften.

2.2.3.4 Intelligenz

Per ICD-10-Definition zeigen legasthene bzw. lese-rechtschreib-schwache Kinder eine verminderte Leistung bei mindestens durchschnittlicher Intelligenz (WHO 2007). Dabei wurde aber lange diskutiert, inwiefern die Intelligenz sich überhaupt auf die Lese-Rechtschreib-Leistung und umgekehrt auswirkt. In IQ-Testverfahren wurden nur dort signifikante Unterschiede zwischen legasthenen und nicht-legasthenen Kindern festgestellt, in denen der Anteil zu beantwortender textlicher Aufgaben erhöht war. In dem zum Beispiel in Deutschland gängigen und sprachfreien Teststandard CFT (*Culture Fair Test*) konnte kein Zusammenhang zwischen Legasthenie und Intelligenzquotient abgeleitet werden (DEIMEL 2002, S. 122-123). DEIMEL stellt dazu fest, dass sich die Konstruktion eines Testverfahrens über die Korrelation zwischen Legasthenie und dem IQ als äußerst schwierig gestaltet, da legasthene Kinder zum Teil auch Hirnschädigungen oder eine weiter differenzierte Symptomatik aufweisen, welche die Leistungen in einem IQ-Test bedeutend negativ beeinflussen können. KLICPERA und GASTEIGER-KLICPERA verweisen zwar auf Studien, die eine mit dem Alter zunehmende Verbindung zwischen Rechtschreiben und Intelligenz im Gegensatz zur mündlichen Leseleistung und Intelligenz aufzuweisen scheint (KLICPERA/GASTEIGER-KLICPERA 1998, S. 244-245), nichtsdestotrotz lässt sich über den Zusammenhang zwischen Rechtschreibleistung und IQ streiten, da hier keine eindeutige Korrelation besteht: „Manche Menschen schreiben besser, als es aufgrund des IQ zu erwarten ist, manche schreiben schlechter." (DEIMEL 2002, S. 120)

2.2.4   Umweltfaktoren und soziale Einflüsse

Ausgehend von dem Verständnis einer Legasthenie, welches wir bisher gewonnen haben, wird deutlich, dass die meisten Kinder sich natürlich auch im Selbstvergleich mit gleichaltrigen Schülern benachteiligt fühlen und sich darüber bewusst sind, dass sie eine defizitäre Lernbefähigung haben, welche sich auch mit größerer Anstrengung scheinbar nicht oder nur schwer ausgleichen lässt. Studien zum Peergroup-Status haben dem folgend ergeben, dass legasthene Kinder eine höhere Rate aufweisen, unbeliebt und sozial zurückgewiesen zu sein verglichen mit einer Gruppe, die keine solchen Probleme aufweist (SOLHEIM 1989, S. 37). Der psychische Druck, der somit aufgebaut wird, ist enorm und äußert sich nicht nur in depressiven Episoden als Folge einer verminderten Erwartungshaltung gegenüber der persönlichen Leistungsfähigkeit, sondern auch im Auftreten von Symptomen wie einer Aufmerksamkeitsdefizit-(Hyperaktivitäts-) Störung, welche noch thematisiert werden soll.

In diesem Zusammenhang sind aber ebenso die sozialen Einflüsse, denen ein legasthenes Kind ausgesetzt ist, zu beachten. Die größten Faktoren, die hier Einfluss nehmen, sind Familie und Eltern, Lehrer und andere Schüler, Freunde und Klassenkameraden. So beginnen Kinder sozial schwächerer Familien oft später mit der Leseentwicklung und können diesen Rückstand mit dem gesteigerten Tempo in Grundschule und weiterführender Schule hinterher nicht mehr aufholen (KLICPERA/GASTEIGER-KLICPERA 1998, S. 244). Auch der Einfluss von Freunden und anderen Kindern ähnlichen Alters ist nicht zu verachten. Zu berücksichtigen ist aber, dass diese Faktoren ein allgemeines Problem darstellen, welches eine Legasthenie nicht als Ursache hat, sondern sie verstärken kann. Folgerichtig kann sich aus einer anfänglich leichten Lese-Rechtschreib-Schwäche eine schwerwiegende und komplexe, depressive Symptomatik entwickeln, wenn es zu Problemen in der Familie kommt (z.B. Scheidung, Tod eines Elternteils) oder wenn der Druck einer Peergroup ein Kind negativ beeinflusst. Letzteres kann dann auch zu defensivem oder anti-sozialem Verhalten führen (SOLHEIM 1989, S. 38) begleitet im Jugendalter durch den Einfluss von Alkohol und

Drogen, welche – im Extremfall – die neuropsychologisch ohnehin eingeschränkten Sinneswahrnehmungen des Legasthenikers noch weiter abschwächen.

Als Bindeglied zwischen Familie und Schule agiert dann natürlich der Lehrer, welcher gefordert ist, nicht nur das legasthene Kind nach bestem Gewissen im Unterrichtsalltag zu fördern, sondern auch auf das soziale Umfeld des Kindes in der Schule zu achten. Ist die Lehrperson nur ungenügend im Bereich der Legasthenieförderung ausgebildet und/oder vernachlässigt er das Benachrichtigen der Eltern über Fehlverhalten ihres Kindes in seiner Gruppe, wird auch er zwangsläufig zum limitierenden sozialen Faktor beim Überwinden der Legasthenie des betroffenen Schülers.

2.3 Symptomatik und Formen einer Legasthenie

Galt die MCD lange Zeit als eine der großen Ursachen von Leistungsschwächen in der Schule, so gründet sich die Legasthenieforschung der letzten Jahre unter anderem dank den Arbeiten von GRAICHEN (1979) und REMSCHMIDT (1987) auf das Konzept der „Teilleistungsschwächen" bzw. „Teilleistungsstörungen". Dies meint „die Minderentwicklung (Leistungsminderung) nur eines oder einzelner Teilfunktionssysteme des zentralen Nervensystems" (WIRTH 2000, S. 185). Damit ist die Legasthenie sowohl als Ganzes eine Teilleistungsstörung, als dass sie auch durch mehrere Teilleistungsstörungen bedingt sein kann. Dem Prinzip folgend lässt sich an Legasthenikern bei im Vergleich zu Nicht-Legasthenikern gleicher Intelligenz eine Symptomatik in den Bereichen Sprache, visuell-räumliche Orientierung und Graphomotorik feststellen (MANN 2002, S. 85-89), wobei diese unterschiedlich stark ausgeprägt oder teilweise nicht vorhanden sein müssen. Daher genügt eine defizitäre Raumorientierung, um Schwierigkeiten beim Schreiben in Form z.B. des Einhaltens der Linien im Heft oder der Unterscheidung von Groß- und Kleinbuchstaben hervorzurufen. Zusätzlich auftretende sprachliche Verarbeitungsdefizite oder Schwierigkeiten bei der Graphomotorik können an einem solchen Punkt die Folgen einer Legasthenie entsprechend intensivieren.

2.3.1 Allgemeine Symptome und Fehlerarten

Die umschriebene Lese-Rechtschreib-Störung äußert sich nach der ICD-10-Definition beim *Lesen* in folgenden Punkten (nachfolgende Aufzählungen jeweils nach WARNKE/ROTH 2002, S. 454/WHO 2007, leicht verändert und ergänzt nach SCHULTE-KÖRNE 2004, S. 66):

- Auslassen, Ersetzen, Verdrehen oder Hinzufügen von Worten oder Wortteilen,

- niedrige Lesegeschwindigkeit,

- Startschwierigkeiten beim Vorlesen, langes Zögern oder Verlieren der Zeile im Text, ungenaues Phrasieren,

- Schwierigkeiten beim Aufsagen des Alphabets,

- Vertauschen von Wörtern im Satz oder von Buchstaben in den Wörtern.

Beim *Leseverständnis* äußert sich die LRS in:

- Problemen Gelesenes wiederzugeben, einer Unfähigkeit, aus Gelesenem Schlüsse zu ziehen oder Zusammenhänge zu sehen,

- der Verwendung allgemeinen Wissens als Hintergrundinformation anstelle von Informationen aus einer besonderen Geschichte, wenn zu dieser besonderen Geschichte Fragen zu beantworten sind.

Im Bereich des *Rechtschreibens* lassen sich folgende Besonderheiten beobachten:

- Reversionen: Verdrehungen von Buchstaben im Wort: (b-d, p-q, u-n),

- Reihenfolge- oder Sukzessionsfehler: Umstellungen von Buchstaben im Wort (die-dei),

- Auslassen von Buchstaben (auch-ach),

- Einfügungen falscher Buchstaben,

- Regelfehler (Dehnung, Groß- und Kleinschreibung),

- Wahrnehmungsfehler (Verwechslung von d-t, g-k) sowie

- Fehlerinkonstanz dadurch, dass ein- und dasselbe Wort immer wieder unterschiedlich fehlerhaft geschrieben wird.

Zu beachten ist, dass diese Fehler nicht gemeinsam auftreten müssen, sondern auch einzelne isoliert Indizien für eine Legasthenie sein können. Dabei lassen sich diese Fehler in vier Oberkategorien einteilen: Phonemfehler, Regelfehler, Speicherfehler und Restfehler (REUTER-LIEHR 1992 in WARNKE/ROTH 2002, S. 469). Bei Phonemfehlern kommt es zu Wahrnehmungsproblemen z.B. bei der Schreibung von einem Wort wie „Brot" zu „Brod". Regelfehler äußern sich in einer Brechung mit allgemein gültigen Rechtschreibregeln (z.B. „Schtift" statt „Stift"). Bei Speicherfehlern sind Ausnahmen zu den Regeln falsch im mentalen Lexikon des Kindes abgespeichert (z.B. „wegseln" statt „wechseln") und Restfehler beziehen sich auf alle Fehler, welche einen über die ersten drei Fehlerarten erhöhten Abstraktionsgrad beim Rechtschreiben erfordern. So kommt es z.B. zur Bildung eines Satzes wie „*I can rait Englisch teksts*", da *I* und *can* hochfrequente Wörter im Englischen sind und somit noch richtig geschrieben werden, „Englisch" und „teksts" sich aber an einer lautsprachlichen Verschriftlichung orientieren, welche auf Regel- und Phonemfehlern basieren. In Schrift- und Leseproben putativ legasthener Kinder muss die diagnostizierende Person demzufolge eine differenzierte Fehlersymptomatik und Anamnese feststellen, um entscheiden zu können, ob z.B. nur Regelfehler im Text vorliegen, welche durch einfaches Training am Einzel-Symptom (hier im Beispiel also Regellernen) behoben werden können, oder ob die Probleme tiefer gehen und damit eine schwere Legasthenie beschreiben, welche eine spezielle Förderung nach sich ziehen müsste.

2.3.2 Formen einer Legasthenie

CHRISTINE MANN teilt Legastheniker in sechs Kategorien ein und orientiert sich dabei mit ihrem Legastheniebegriff an der ICD-Definition (MANN 2002, S. 193-197):

1. *Kinder mit verdecktem Analphabetismus:* Diese Gruppe kennzeichnet sich dadurch, dass der Analphabetismus, also die Unfähigkeit eine Buchstaben-Laut-Verbindung intensiv aufzubauen, nahezu verdeckt über die Schuljahre hinweg mitgetragen wird, bis spätestens beim Wechsel auf eine höhere Schule diesen Kindern eine Therapie nahegelegt wird.

2. *Ganzwortleser:* Legastheniker dieser Gruppe prägen sich Wörter in Bildform ein, speichern also „Ganzworte", bekommen aber spätestens dann Probleme, wenn Deklinationen und Konjugationen mit variierenden Endungen ins Spiel kommen. Auch die Menge an Wörtern kann hinterher nur noch schwierig von Ganzwortlesern aufgenommen werden.

3. *Synthetiker:* Synthetiker können zwar grundsätzlich richtig lesen, haben aber Probleme damit, das Gelesene mit einem Sinn (zunächst auf Wortebene, später auch auf Satzebene) zu verknüpfen, was sich entsprechend auch auf die Rechtschreibleistung auswirkt.

4. *Graphomotorisch gestörte Rechtschreiber:* Diese Gruppe von Legasthenikern bewältigt zwar den Leseprozess weitestgehend zufriedenstellend, wird aber durch Probleme der Graphomotorik, also der motorischen Leistung des Schreibens per Hand, insbesondere beim Schreiben längerer Texte behindert.

5. *Kinder mit einer falschen Schreibstrategie:* Kinder mit einer falschen Schreibstrategie verfügen über gute Lesefähigkeiten, bekommen aber beim Zuordnen von Lauten zu Buchstaben Probleme und erreichen daher nicht die Ebene des „fließenden rhythmisch-synchronen Sprechschreiben[s]" (MANN 2002, S. 196).

6. *Kinder mit psychisch verursachten Rechtschreibschwierigkeiten:* Bei dieser Gruppe manifestieren sich psychische Probleme wie Angst vor Fehlern oder auch familiäre und äußere Einflüsse in einer Legasthenie.

Wie MANN selbst feststellt, ist diese Kategorisierung nur – bis auf die letzte – eine Beschreibung der verschiedenen Zustände eines Legasthenikers, „der erklärt, [warum] einfaches Üben nicht mehr weiterhilft." (MANN 2002, S. 197) Die unter 2.2 beschriebenen Ursachen müssen daher in eine Therapie nach dieser Kategorisierung grundsätzlich mit einbezogen und von Kind zu Kind in einer ausführlichen Anamnese individuell überprüft werden. Die symptomatischen Kategorien, die hier zusätzlich aufgestellt werden, sollten aber von Fachkräften – seien es Pädagogen, Mediziner oder Psychologen – grundsätzlich erkannt werden können.

2.3.3   Begleitende Symptomatik

2.3.3.1   Verhaltensauffälligkeiten und Begleiterscheinungen

WARNKE und ROTH (2002, S. 455) klassifizieren als primäre Begleiterscheinungen einer Lese-Rechtschreib-Störung Entwicklungsstörungen beim Sprechen (bei etwa 60 bis 80 Prozent der von LRS betroffenen Kindern und Jugendlichen) und visuo-motorische Symptome (bei etwa 5 bis 10 Prozent), welche sich in Problemen der Graphomotorik und einer gestörten Figurgrundwahrnehmung äußern. Sekundär treten (als Folge dieser bereits unter Umständen tiefgreifenden Probleme) Schul-, Lern- und Verhaltensstörungen auf. Dies kann sich zunächst in Konzentrationsproblemen oder Motivationsverlust äußern, wobei für Eltern ein deutliches Anzeichen die wiederholte Unlust auf die Erledigung von Hausaufgaben einen Hinweis geben kann. Als Folge hiervon kann es zu einer Störung des kindlichen Selbstkonzepts und emotionalen Problemen wie depressiven Episoden kommen (KLICPERA/GASTEIGER-KLICPERA 1998, S. 271-273), welche sich auch auf der psychosomatischen Ebene manifestieren können. So sind klare Anzeichen für Schul- und/oder Versagensangst Bauchschmerzen und Übelkeitsgefühle, die insbesondere morgens auftreten und bei anhaltender Dauer Eltern alarmieren sollten. Oft verändern Kinder auch als Folge emotionaler und psychosomatischer Probleme ihr Sozialverhalten und werden entweder leicht aufbrausend und aggressiv oder ziehen sich auffällig stark zurück. Eher seltener tritt ein „Überehrgeiz" beim Schüler auf, die Hausaufgaben dennoch zu erledigen, was nicht selten in Erschöpfung und noch tiefergreifender Enttäuschung endet (WARNKE/ROTH 2002, S. 456). Emotionale und psychosomatische Symptome können eine Folge sein, aber auch die zusammen mit einer Legasthenie oft gemeinsam auftretende Aufmerksamkeitsdefizit-/Hyperaktivitätsstörung kann als Symptom und zusätzliche Problematik gesehen werden.

2.3.3.2 Aufmerksamkeitsdefizit-/Hyperaktivitätsstörung

Das Konzept der Aufmerksamkeitsdefizit-/Hyperaktivitätsstörung, kurz ADS (nur Aufmerksamkeitsdefizit) oder ADHS, beschäftigt Pädagogen und Eltern schon länger auch als „Zappelphilipp-Syndrom" oder „hyperkinetisches Syndrom", hat aber insbesondere seit dem extremen Zuwachs der Behandlung hyperaktiver Kinder mit dem Amphetamin-Derivat Ritalin an Brisanz gewonnen. Dabei ist die Ursache der ADHS noch nicht vollständig aufgeklärt. Allgemein geht man heute von einem genetisch bedingten Dopaminmangel als Hauptgrund für die Überaktivität des betroffenen Kindes aus (HEINEMANN/HOPF 2006, S. 14-16). Dass wir uns im Zusammenhang mit Legasthenie mit dieser Störung beschäftigen müssen, liegt daran, dass zum einen – wie bereits oben beschrieben – die Aufmerksamkeit bei legasthenen Menschen ohnehin beeinträchtigt ist, und zum anderen daran, dass bei ADHS-Kindern 50 Prozent häufiger eine Rechtschreibschwäche auftritt, als bei normalen Kindern (ETTRICH/ETTRICH 2006, S. 87).

Die heute gültigen Diagnosekriterien nach ICD-10 (WHO 2007) und DSM-IV (*Diagnostic and Statistical Manual of Mental Disorders*; SASS et al. 1998, S. 62-64) für eine AD(H)S legen als Oberkategorien Unaufmerksamkeit, Hyperaktivität und Impulsivität fest. Dabei äußert sich eine Unaufmerksamkeit zum Beispiel darin, dass das Kind sich leicht ablenken lässt, länger andauernde Arbeiten nicht vollständig erledigt oder sich dagegen sträubt, häufiger Gegenstände verlegt oder auch öfters scheinbar geistig abwesend ist. Anzeichen für Hyperaktivität und Impulsivität sind eine auffallende allgemeine, innere Unruhe, die Unfähigkeit, länger ruhig sitzenzubleiben, Dazwischenrufen und der damit verbundene Drang ständig zu reden (HEINEMANN/HOPF 2006, S. 10-11).

Die AD(H)S stellt die Lehrer betroffener Kinder vor eine Zwickmühle: Eine stark ausgeprägte hyperkinetische Störung stört zum einen die gesamte Lerngruppe, trotzdem sieht man sich verpflichtet, das AD(H)S-Kind bestmöglich im Rahmen des Unterrichts zu fördern – eine Situation, auf die sich jeder Lehrer zunächst einstellen muss. DRÜE kritisiert in diesem Zusammenhang nicht nur den Mangel an Förderunterricht in den Schulen, sondern auch die Schulbuchverlage, da diese sich noch nicht auf die Problematik der AD(H)S und der anderen, damit verbundenen Teilleistungsstörungen wie der Legasthenie eingestellt haben: „Kann ein Mathebuch das schwierige Fach schmackhaft machen, wenn es mit lebhafter Buntheit, unklarer Strukturierung und mit schwierigen Fachbegriffen die Aufmerksamkeit vom eigentlichen Inhalt ablenkt?" (DRÜE 2007, S. 242) Dass diese Tatsache nicht nur ein Problem für Kinder mit Teilleistungsstörungen sein muss, dürfte einleuchtend sein. Solange dieses Problem nicht gelöst wird, ist an dieser Stelle die Lehrperson gefragt, Material und Methoden zur Verfügung zu stellen, welches den verminderten und abweichenden Leistungen der Kinder Rechnung trägt und sie bestmöglich fördert. Von grundlegender Wichtigkeit ist bei AD(H)S-Kindern nicht wie früher angenommen ein möglichst weitläufiger pädagogischer Freiraum zur Selbstentfaltung, sondern eine starke, aber klare Strukturiertheit des Tagesablaufs wie auch kleinerer Einheiten (z.b. die Unterrichtsstunde) (ETTRICH/ETTRICH 2006, S. 93).

2.4   Möglichkeiten der Diagnostik

Eine ausführliche Diagnostik wird in den meisten Fällen von Ärzten oder Psychologen, teilweise auch von ausgebildeten Legasthenietrainern getroffen, wobei die ersten beiden Gruppen das legasthene Kind in der Regel nach den ICD-10-Kriterien testen. Dabei werden in einem Anamnesegespräch mit Kind und Eltern(teil) psychische oder soziale Aspekte evaluiert, z.B. auch Sprachauffälligkeiten wie ein verspäteter Sprachbeginn oder das Verhalten in der Schule. Darauf folgen meist psychometrische Lese- und Rechtschreibtests und ggf. ein Intelligenztest und die Überprüfung weiterer Teilleistungsbereiche wie Motorik, Aufmerksamkeit und Seh-/Hörfunktionen (WARNKE/ROTH 2002, S. 460).[10] Ein Kritikpunkt an diesen Testverfahren – insbesondere am Hinzuziehen eines Intelligenztests (siehe auch 2.2.3.4) – ist, dass sich die Normen, von denen in den Tests ausgegangen wird, natürlich mit der Zeit verändern und oft voneinander abweichende Ergebnisse zeigen (DEIMEL 2002, S. 124). So sind alters- und/oder klassenspezifische Tests zum Beispiel für eine achtjährige Schülerin nicht unbedingt angebracht, wenn sie durch Entwicklungsstörungen zwar nur kognitive Leistungen einer Sechsjährigen aufbringen kann, in abstrahierendem Denken im Rahmen eines Intelligenztests aber überdurchschnittliche Leistungen erbringt. Aus diesem Grunde ist eine ausführliche, aus Konzen-

---

10   Diese Lese-, Rechtschreib- und Intelligenztests sind nach Alter der zu testenden Kinder differenziert und überprüfen die Leistungen des Kindes anhand der unter 2.3.1 beschriebenen Symptomatik und der Disziplinen wie Phonologische Bewusstheit/Phonologisches Rekodieren und gewisse Konzentrations- und Intelligenz-/Abstraktionsleistungen. Für eine Übersicht empfohlener Testverfahren s. SCHULTE-KÖRNE 2004, S. 68, und http://www.info-legasthenie.de/diagnose.php.

trations- und Belastungsgründen oft über mehrere Sitzungen stammende, multiaxiale Diagnostik nötig, um sich tatsächlich ein differenziertes Bild der Störung machen zu können.

Verstärkt wird auch die Diagnostik direkt in Schulen durch die Lehrer putativ legasthener Kinder gefordert, ohne dass diese hierfür speziell ausgebildet worden wären, insbesondere was die Durchführung von Lese-Rechtschreib-Tests angeht. So wird empfohlen, Lehrer zumindest bereits bei einer medizinischen oder psychologischen Diagnostik mit einzubeziehen, da zum Beispiel Lehrern bereits in den ersten Schulwochen der Grundschule Besonderheiten am Lese- und Schreibverhalten der Kinder auffallen können und so eine möglichst frühe Förderung und Intervention möglich wird (WARNKE/ROTH 2002, S. 460).

2.5   Möglichkeiten der Intervention und Förderung

Die Intervention und Förderung legasthener Kinder sollte als interdisziplinäre Arbeit verstanden werden. Zu diesen Disziplinen gehören Fachdidaktik, Medizin, Pädagogik, Psychologie und Sprachwissenschaft (THOMÉ 2004, S. 15). THOMÉ fordert daher auch ein Verständnis und eine Akzeptanz des Phänomens Legasthenie als ein Gesamtkonzept und einen Dialog der einzelnen Wissenschaften, da nur auf diesem Weg legasthenen Menschen wirklich geholfen werden könne (2004, S. 16). Medizin und Psychologie stellen damit, wie oben dargestellt, die ersten Anlaufstationen dar, da sie maßgeblich für die Diagnostik zuständig sind. Die Sprachwissenschaft ist dann in nächster Instanz zusammen mit der Pädagogik gefordert festzustellen, welche linguistischen und erziehungswissenschaftlichen Aspekte mit in die Förderung einbezogen werden müssen und die Fachdidaktik dient letztlich dazu, geeignete didaktische Konzepte zu entwickeln, auf welche Weise den legasthenen Kindern konkret geholfen werden kann. Dabei läuft diese Reihenfolge natürlich nicht immer starr nach diesem Muster ab, sondern bedingt sich gegenseitig und greift auch später noch z.B. auf psychologische und medizinische Aspekte zurück.

MATTHYS-EGLE favorisiert zur Förderung eines legasthenen Kindes dabei auch eine Abkehr von einem individuumfokussierenden zu einem systemischen Verständnis der Legasthenie, bei dem nicht das betroffene Kind im Mittelpunkt steht, sondern „[das] Phänomen der Rechtschreib- und Leseschwierigkeit als in Beziehung mit den Objekten des Suprasystems stehend verstanden" (1996, S. 107) wird, wie in der nachfolgenden Illustration dargestellt:

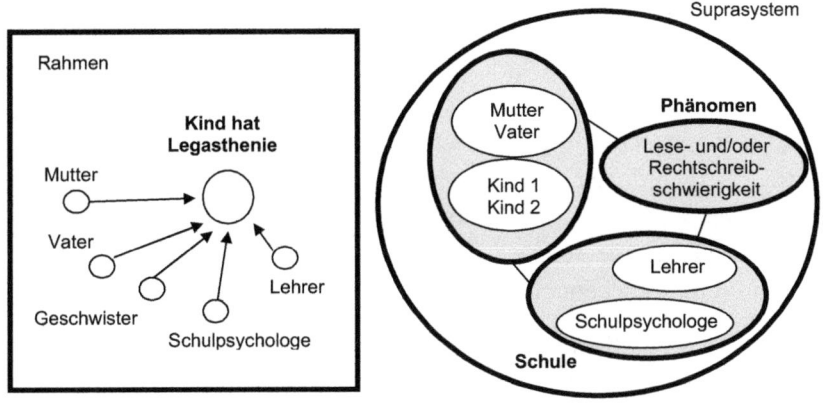

Abb. 2: Individuumfokussierendes (links) im Vergleich zum systemischen Verständnis (rechts) einer Legasthenie

(Quelle: In Anlehnung an MATTHYS-EGLE 1996, S. 107)

In der Praxis beginnt die grundlegende Therapie von Lese-Rechtschreib-Störungen meist mit dem „Training von basalen Wahrnehmungsfunktionen" (SCHULTE-KÖRNE 2004, S. 75), um die Defizite in auditiver und visueller Wahrnehmung zu behandeln. Hierunter fällt zum Beispiel das Training der Blickbewegung und der Ordnungsschwelle, welches die Wahrnehmung zwischen zwei Reizen (Intervall = Ordnungsschwelle) verbessern soll.[11] Über diese basalen Wahrnehmungsfunktionen hinaus werden dann Elemente des Lese-Rechtschreib-Prozesses trainiert; z.B. die Graphem-Phonem-Zuordnung oder einfache Schreibregeln. Nach FRITH erfolgt der Schriftspracherwerb in drei Stufen und sollte auch in dieser Reihenfolge trainiert werden: erstens logografisch, zweitens alphabetisch und drittens orthografisch (FRITH 1985 in SCHULTE-KÖRNE 2004, S. 76). Die logografische Ausprägung ist meist bereits im Vorschulalter vorhanden und entspricht der Vorstellung, dass Phoneme und Wörter mithilfe von Symbolen dargestellt werden. In dieser Stufe existiert noch keine Graphem-Phonem-Beziehung, sodass Kinder Wörter als Bilder lernen und z.B. anhand bestimmter Charakteristika an der Schreibweise von Buchstaben ihren Namen wiedererkennen. In den ersten beiden Schuljahren kommt es zur alphabetischen Schriftspracherwerbsstufe, in der einzelne Graphem-Phonem-Beziehungen vermittelt werden, aber das Lesen auffallend Buchstabe für Buchstabe erfolgt. Die letzte, orthografische Stufe beinhaltet das Lernen übergeordneter syntaktisch-semantischer Regeln und Strukturen der Sprache, wodurch Kinder dazu befähigt werden, Wörter als Einheit zu lesen. Inwiefern eine solche natürliche Herangehensweise an das Lernen auch im Fremdsprachenunterricht Sinn macht, soll später erläutert werden.

Wichtig für Legasthenie-Trainingskonzepte – genauso wie in jeglicher Lern-/Lehrsituation in Schule und Alltag – sind natürlich lerntheoretische Interventionsformen, d.h. zum Beispiel der schrittweise Aufbau von Lernschritten, klare Gliederungen, Wiederholen, Feedback und Belohnung etc. (SCHULTE-KÖRNE 2003b, S. 36). Auch sollte eine Intervention und Förderung eines legasthenen Kindes so früh wie möglich im Schriftspracher-

---

11 Trotz dass SCHULTE-KÖRNE diese Trainingsmethode als Element des Trainings der basalen Wahrnehmungsfunktionen nennt, sollte erwähnt werden, dass das Ordnungsschwellentraining „keine positiven Effekte auf die Lese- und Rechtschreib- bzw. Sprachleistungen ausübt. Lediglich die unmittelbar trainierten Fähigkeiten (visuelle und auditive Ordnungsschwelle, Richtungshören) verbessern sich merklich." (BERWANGER 2003, S. 157). Allerdings steht auch bisher eine Langzeituntersuchung über die Effekte des Ordnungsschwellentrainings als Element der LRS-Therapie noch aus.

werbsprozess erfolgen. Selbst bei Vorschulkindern lässt sich eine Legasthenie mithilfe des *Bielefelder Screenings* (JANSEN ET AL. 1999) bereits fest- und so eine bestmögliche Förderung sicherstellen. Aber auch für ältere Kinder gibt es Methoden und Programme, um einen normalen Lese-Rechtschreib-Prozess zu fördern. Diese und einige alternative Behandlungsmethoden, die in diesem Rahmen erwähnenswert sind, sollen im Folgenden vorgestellt werden.

2.5.1   Trainingsprogramme

Im Vorschulalter können insbesondere bereits Übungen wie Lautunterscheidungen mithilfe von „Lauschspielen" und Reimen (SCHNEIDER/ KÜSPERT 2003, S. 115) und visuellen Differenzierungen durchgeführt werden, um das Kind auf die Konfrontation mit Buchstabensymbolen vorzubereiten. Für fortgeschrittene Schüler, die mit dem Lese-Schreib-Prozess beginnen, gibt es mehrere ausführlich evaluierte Trainingsprogramme, darunter insbesondere erwähnenswert die *Lautgetreue Lese-Rechtschreib-Förderung* von REUTER-LIEHR (2001) und das *Marburger Rechtschreibtraining* von SCHULTE-KÖRNE/MATHWIG (2001). REUTER-LIEHR setzt auf die beiden Prinzipien „vom Leichten zum Schweren" und „vom Häufigen zum Seltenen" (WARNKE/ROTH 2002, S. 468-469) und erreicht dies systematisch durch das aufeinanderfolgende Üben von bestimmten Lauten und Morphemen und setzt auch bewusst begleitend das Gliedern von Wörtern z.B. durch Mitklatschen ein. Das Marburger Programm ist eine konkrete Trainingsanleitung für Eltern oder Trainer legasthener Kinder und setzt dabei auf leicht einprägsame Rechtschreibregeln. Gleichzeitig betont SCHULTE-KÖRNE aber auch, dass das Training legasthene Kinder nach und nach an metakognitive Problemlösungsprozesse heranführen soll – ein Bereich, der bei legasthenen Kindern ebenfalls problematisch ist (SCHULTE-KÖRNE 2003b, S. 49).

Da sich allgemein bei Kindern und Jugendlichen – und so auch bei legasthenen – eine generell höhere Motivation im Umgang mit Computern beobachten lässt, gibt es mittlerweile auch eine große Zahl von Trainingspro-grammen für den heimischen PC. Mittels dieser werden oft Graphem-Phonem-Korrespondenzen, aber auch Aspekte wie Raumlage und Serialität geübt und können dank der multimedialen Möglichkeiten sowohl visuell als auch akustisch unterstützt dargestellt werden, was auf Grundlage der defizitären Wahrnehmungsleistungen natürlich als äußert positiv zu werten ist.

2.5.2   Alternative Behandlungsmethoden

Im Zusammenhang mit der Therapie von Legasthenie und Lese-Recht-schreib-Störungen hat sich eine Vielzahl alternativer Behandlungsmetho-den entwickelt bzw. haben sich bereits existierende Methoden der speziel-len Problematik angenommen und ihre eigenen Ansätze zur Therapie einer Legasthenie entwickelt. Die meisten dieser alternativen Angebote entbeh-ren einer wissenschaftlichen Grundlage bzw. konnten unter wissenschaftli-chen Bedingungen nicht das reproduzieren, was von deren Anhängern als „gute Erfahrungen" und Referenzen angegeben wird. SUCHODOLETZ (2003) hat fast dreißig Therapieansätze zusammengefasst und nach Ergeb-nissen ihrer wissenschaftlichen Fundierung überprüft. Die davon auch heu-te in Deutschland bekanntesten sollen kurz vorgestellt werden:

- *Tomatis-Methode:* Die vom französischen HNO-Arzt Alfred Tomatis entwickelte Methode geht als Ursache für LRS von „Dysbalancen der auditiven Wahrnehmung, des Gleichgewichtssinnes und des Ohrs als Energiezentrale" (SUCHODOLETZ 2003, S. 174) aus. Der Tatsa-che, dass zahlreiche Statuten des Konzepts heutigen medizinischen Erkenntnissen teils grundlegend widersprechen, steht ein – wenn auch geringer – positiver Trainingseffekt des sogenannten „Tomatis-Horchtrainings" gegenüber, eines Trainings, welches sich aber aus-schließlich auf die auditive Wahrnehmung stützt und somit nicht alle Ursachen der Legasthenie mit einschließt.

- *Kybernetische Methode:* Dieser Ansatz geht von einem Zusammen-hang zwischen Sprache und Motorik aus und trainiert dabei Finger- und Mundbewegungen in Beziehung zu Artikulation und Schreiben, sodass Worte als „Bewegungsmuster" von den Kindern verinnerlicht werden. SUCHODOLETZ kritisiert diese Methode als einseitig auf-grund der Beschränkung der Kulturtechniken auf motorische und taktile Fähigkeiten, hält aber das Üben von Sprechbewegungsmus-tern im Rahmen komplexerer Therapien für angebracht.

- *Taktil-Kinästhetische Methode:* Hierunter fällt das Erarbeiten und Er-fühlen von Buchstaben z.B. durch Knetmasse oder Schreiben von Buchstaben auf Rücken oder Hand. Aufgrund positiver Erfahrungen aus Heil- und Sonderpädagogik empfiehlt SUCHODOLETZ auch diese Methode als Bestandteil eines größeren Therapiekonzepts.

- *Davis-Methode:* Diese insbesondere im englischsprachigen Raum be-kannte und verbreitete Methode geht davon aus, dass Legasthenie eine Hochbegabung visueller Vorstellungskraft ist und Kinder in Bildern denken lässt. Allerdings hätten die Kinder nicht gelernt, mit dieser Hochbegabung umzugehen und seien daher „desorientiert", weswegen die „Davis-Fokussier-Techniken" das Kind dazu anleiten, „sein geistiges Auge auf den optimalen Punkt zu richten …, der sich in einem Neigungswinkel von 45 Grad etwa 7-30 cm oben hinter dem Kopf befindet" (SUCHODOLETZ 2003, S. 224). SUCHODOLETZ kritisiert vor allem die Vernachlässigung auditiver Elemente des LRS-Trainings, betont aber, dass die Grundannahme der Hochbega-bung unter Umständen „zu einer erheblichen Stärkung des Selbst-wertgefühls des Kindes beitragen [kann]" (SUCHODOLETZ 2003, S. 226).

- *Edu-Kinestetik (Educational Kinesiology):* Bei dieser Methode, wel-che mittlerweile unter dem Namen „*BrainGym*" angeboten wird, wird davon ausgegangen, dass die Ursache für LRS eine mangelhafte Zusammenarbeit beider Gehirnhälften ist, welche durch sogenannte Überkreuzbewegungen und das Aktivieren bestimmter „Knöpfe" (ähnlich Akupunkturpunkten der Traditionellen Chinesischen Medizin) überwunden werden kann. Auch hier attestiert SUCHODOLETZ eine mögliche „psychische Stabilisierung" (2003, S. 204), zitiert aber auch Studien, welche keine oder höchstens unspezifische Effekte dieser Vorgehensweise zeigen.[12]

- *Neurolinguistisches Programmieren (NLP):* Diese oft im Erwachsenen-Coaching angewandte Problemlösetechnik findet sich in der Legasthenie-Therapie oft in ihrem Teilbereich der Steuerung von Augenbewegungen und Visualisierung wieder. So wird nach einer Konkretisierung des Problems und des gewünschten Zielzustandes durch innere Darstellung das Wortbild visuell geübt, wozu das Trainingskind angehalten wird den Blick nach links oben (optimale Visualisierung) zu richten. Der psychotherapeutische Anteil zur Förderung der Selbstsicherheit des Kindes scheint positiv zu sein, allerdings lässt sich vermuten, dass NLP nur im englischsprachigen Raum aufgrund der im Gegensatz zum Deutschen weniger lautgetreuen Schreibweise und der Betonung visueller Funktionen wirksam ist (SUCHODOLETZ 2003, S. 230-231).

- *Medikamentöse Behandlung:* Trotz dass gewisse Psychostimulanzien in wissenschaftlichen Untersuchungen zu erhöhten Lese- und Schreib-Prozessen geführt haben, lässt sich aufgrund des oft gemeinsam mit der LRS auftretenden Hyperaktivität und keiner nachweislichen Verbesserung des Leseverständnisses eine medikamentöse Behandlung nicht empfehlen und sollte nur im Rahmen ohnehin psychisch vorhandener Störungen in Betracht gezogen werden (SUCHODOLETZ 2003, S. 236).

---

12 Trotz dass auch die Stiftung Warentest zu dem Schluss gekommen ist, dass die Edu-Kinestetik nicht zu empfehlen sei (SUCHODOLETZ 2003, S. 204), scheinen einige der zur Auswertung in Kapitel 4 befragten Experten „BrainGym" erfolgreich einzusetzen. Eine abschließende Bewertung dieser Tatsache erfolgt im Kapitel 5.

- *Homöopathische Methoden:* Die Homöopathie, wozu dann auch die Bach-Blüten-Therapie gezählt werden kann, bietet rein wissenschaftlich keine Grundlage auf eine Therapierbarkeit der Legasthenie. Die Behandlung mit stark verdünnten Lösungen natürlicher Stoffe scheint eher eine Sache des „Glaubens" zu sein und „ist durch rationale Überlegungen nicht nachvollziehbar" (SUCHODOLETZ 2003, S. 239).

Zwar umfasst diese Aufstellung nicht all jene Methoden, die im privaten Markt im Zusammenhang mit Legasthenie als alternative Therapien eingesetzt werden, zusammenfassend lässt sich aber feststellen, dass zumindest diese Methoden entweder wissenschaftlich unbegründet sind und eher eine Zielgruppe ansprechen sollten, bei der dann „der Glaube Berge versetzt", oder dass die Methoden nicht als ganzheitlich angesehen werden können, sondern nur als einzelne Elemente in einem größeren Rahmen positive Trainingseffekte bei legasthenen Kindern haben könnten. Da jeder Mensch verschieden ist, können aber natürlich manche Methoden bei einem legasthenen Kind zu gar keiner Verbesserung führen, während eine andere Methode tatsächlich große Fortschritte – insbesondere in der Stärkung des Selbstwertgefühls des Kindes – zulässt. Pädagogen, die legasthene Kinder fördern möchten, sollten demzufolge über ein breites Wissen von Techniken, Methoden und Ansätzen verfügen, um eine Intervention auf die spezifische, individuell verschiedene Störung abstimmen zu können. Eine genauere Evaluation und Überprüfung alternativer Therapieangebote scheint daher ein weiteres Feld zu sein, welches unbedingt weiterer Untersuchung bedarf.

3   Englisch als Fremdsprache und Legasthenie

Die Fremdsprache Englisch nimmt in deutschen Schule mit etwa 6,27 Millionen Schülern immer noch den größten Anteil am Fremdsprachenunterricht ein (KNAPP 2003, S. 530).[13] Umso wichtiger erscheint es daher, Probleme legasthener Kinder im Licht des Lernens dieser Sprache zu betrachten. Aus diesem Grund sollen nun zunächst die allgemeinen, psycholinguistischen Grundlagen des Erlernens der englischen Sprache dargelegt und dann insbesondere auf die sich aus Kapitel 2 ergebenden Probleme für legasthene Schüler eingegangen werden. Der Schriftspracherwerb an sich existiert als Problematik ja bereits in der Erstsprache Deutsch und wurde bereits oben kurz erwähnt. Er soll daher erst wieder bei der Behandlung der einzelnen Problemfelder mit einbezogen werden.

3.1   Psycholinguistische Grundlagen des Zweitspracherwerbs Englisch

Genau wie beim Erstspracherwerb des Kleinkinds gibt es über den Erwerb der zweiten Sprache eine Vielzahl von Theorien, die einzelne Elemente oder Fakten des Fremdsprachenlernens erklären, aber noch nicht vollständig durch Forschung bestätigt sind. Was beim Lernen einer Fremdsprache wohl außer Frage steht, ist, dass die Erstsprache (L1) einen gewissen Einfluss auf die Zweitsprache (L2) haben dürfte, und man so über seine L1 auch Konzepte der L2 reflektiert (ORTEGA 2007, S. 233). In diesem Zusammenhang gehen einige Linguisten von dem Konzept der universellen Grammatik (UG) aus, welche als angeborene Eigenschaft den Menschen dazu befähigt, bereits grundlegende konzeptionelle Aspekte einer Sprache innezuhaben. Diese angeborenen Fähigkeiten gehen auf die Nativismus-Theorie von Chomsky zurück und sind aus diesem Grund auch umstritten

---

13   KNAPP zeigt hier auch die Verhältnisse von Lernern der englischen Sprache im Vergleich zu den anderen Sprachen auf: im Vergleich zu Französisch 4:1, Russisch 30:1, Spanisch 70:1 und Italienisch 190:1 (2003, S. 530).

(ORTEGA 2007, S. 227). Von einer UG ausgehend ergeben sich weitere Theorien: Zum einen greift der Lerner wie oben bereits angesprochen auf die Grammatik der L1 zurück, um L2 zu lernen, muss aufgrund des Verlusts der UG im Kindesalter die L2 mit komplett neuen Mitteln erlernen oder der Lerner nutzt die noch vorhandene UG für den Erwerb der L2, bevor sie verlorengeht. Letzterer Ansatz unterstützt auch die Beobachtung, dass Kinder und Jugendliche bis zu einem gewissen Alter, der *critical period*, noch leichter eine Fremdsprache lernen als Erwachsene (FIELD 2004, S. 257). Aus der Beobachtung heraus, dass viele Sprachenlerner oft dieselben Stufen in der Sprachentwicklung z.B. durch ähnliche Fehlercharakteristika o.ä. durchlaufen, geht man mittlerweile auch oft von dem Konzept der *Interlanguage* aus, d.h. einer Form der Sprache, die entwicklungsbedingt zwischen der L1 und der L2 liegt (FIELD 2004, S. 258).[14]

Spricht man über die Grundlagen des Englischlernens als Fremdsprache, kommt es immer zur Diskussion darüber, ob es nun ein Zweitsprachen*erwerb* oder ein Zweitsprachen*lernen* sei – eine Abgrenzung, die in den 1980er Jahren von Krashen postuliert wurde (WESKAMP 2001, S. 27-28). Davon ausgehend, dass die Kinder zwar in der Sprache durch den Lehrer unterrichtet werden und aktiv Regeln der Sprache lernen, strebt die Fachdidaktik nach einer möglichst natürlichen Vermittlung der Sprache und ihrer Strukturen, sodass sich beide Formen in gewissen Punkten überschneiden. Dennoch wird die *second language acquisition (SLA)* oft insbesondere in der Literatur englischer Linguistik synonym zum Begriff des *second language learning* benutzt. Da wir den fremdsprachlichen Unterricht der Schule behandeln, können wir grundlegend natürlich nicht von einem komplett natürlichen Zweitspracherwerb sprechen, welcher Grammatik eher „häppchenweise" – in *chunks* (FIELD 2004, S. 258) – vermitteln würde, sondern von einem Zweitsprachenlernen in einer analysierten, d.h. linguistisch strukturierten Form, und meist vom Lehrer kontrollierten Um-

---

14 Über die in diesem Rahmen vorgestellten Theorien gibt es natürlich noch weitere Theorien, die aber tatsächlich eher auf den natürlichen Spracherwerb als auf den Spracherwerb in Unterrichtssituationen abzielen. Eine Übersicht liefern z.B. HENRICI/RIEMER 2003, S. 40, oder ORTEGA 2007, S. 225-250.

gebung, in der Sprache daher doch eine eher künstliche Form annimmt: „[Then] it has to be reshaped in order to support spontaneous spoken performance in the target language." (FIELD 2004, S. 258) Als theoretische Grundbedingung scheint daher auch logisch, dass die Lehrperson „ein entscheidender Faktor beim Spracherwerb" (HENRICI/RIEMER 2003, S. 40) ist (Diskurs- oder Interaktionshypothese). Aber auch der Unterricht an sich muss der *Interlanguage* der zu unterrichtenden Kinder entsprechen, um erfolgreich Sprache vermitteln zu können (*Teachability*-Hypothese)[15].

3.2 Linguistische Problemfelder der Fremdsprache Englisch für deutsche Lerner

Ausgehend von der Linguistik lassen sich die Problembereiche im Englischen in die phonologischen, morphologischen, syntaktischen und lexikalisch-semantischen Bereiche unterteilen. Diese stellen generell für deutsche Lerner Probleme dar, also nicht unbedingt nur für legasthene Kinder, deren Muttersprache Deutsch ist.

3.2.1 Phonologie

Ab der Mitte und zum Ende des 20. Jahrhunderts gab es eine Tendenz bei der Fremdsprachenvermittlung weg von der Aussprache und dem Sprechen an sich zu linguistischen Feldern wie Syntax bzw. einfacher Grammatikvermittlung (SAVILLE-TROIKE 2007, S. 142). Diese Tendenz befindet sich momentan allerdings im Rückzug zugunsten eines wieder sprach- und sprechbetonten Umgangs mit der Fremdsprache. Dies stellt deutsche Schüler allerdings vor Probleme. Zum einen bestehen diese grundlegend schon

---

15 WESKAMP zitiert „hier PIENEMANN, der die *Teachability*-Hypothese abgeleitet hat, denn „… instruction can only promote language acquisition if the interlanguage is close to the point when the structure to be taught is acquired in the natural setting." (PIENEMANN 1989 in WESKAMP 2001, S. 83)

einmal in Abweichungen der Notation der Vokale, Konsonanten und Diphthonge. Dabei fällt natürlich das bekannte Problem deutscher Lerner mit dem stimmhaften bzw. stimmlosen dentalen Frikativ /θ, ð/, von Deutschen oft gesprochen als /s, z/, genauso ins Gewicht wie die Tatsache, dass das Englische – je nach Dialekt, aber überwiegend – bis zu acht Diphthonge aufweist (HANSEN 1995, S. 73). Auch die sogenannte „Auslautverhärtung" ist in der deutschen Sprache sehr häufig, wo sie im Englischen aber durch das gleichzeitige Vorhandensein von stimmlosen und stimmhaften Auslauten zu Problemen führen kann (vgl. *feed* [d] – *feet* [t] und *peace* [s] – *peas* [z]).

Darüber hinaus gibt es in der englischen Sprache eine höhere Diskrepanz zwischen der Beziehung Graphem-Phonem als im Deutschen, d.h. gesprochenes Deutsch ähnelt sehr der geschriebenen Form im Gegensatz zum Englischen. Im Englischen gibt es viele von phonetischen Regeln abweichende Formen, da ein Phonem teilweise durch eine Vielzahl von Graphemen realisiert werden kann (GRAMLEY/PÄTZOLD 2004, S. 91). Dies ist besonders auch auf die sogenannten, durch *schwa* /ə/ abgeschwächten, *weak forms* zurückzuführen, die insbesondere auch im umgangssprachlichen Bereich noch häufiger vorkommen. Beispielsweise ist die Aussprache des Vokals in *word* und *bird* als [ə] gleich, auf der orthographischen Ebene sind es aber zwei vollkommen verschiedene Vokale, die im Englischen phonologisch nicht in einer solch abgeschwächten Form wie des /ə/ vorkommen. Ein weiteres Beispiel ist das Paar *meet/meat* [i] und *great* [e(ə)].

Beim Lernen der Fremdsprache Englisch muss also ein großer Teil der Energie auf das Auswendig- und teilweise Neu-Lernen von Aussprache gesetzt werden oder es müssen Graphem-Phonem-Korrespondenzregeln eingeführt werden, welche aber natürlich im Englischen ungleich vielfältiger ausfallen als im lautgetreueren Deutschen. In diesem Zusammenhang stellt Mayer zwei Prinzipien auf, die essentieller Bestandteil des Anfangsunterrichts Englisch sein sollten: das „Primat des Hörverstehens" und das „Primat des Mündlichen" (MAYER 2003, S. 64-66). So sollte das Einlassen der Schüler auf die neue Sprache und das Verfestigen von Klängen den

ersten Schritt darstellen, noch bevor die Kinder selbst sprechen. Imitieren
sei zwar ein wichtiger Prozess des Lernens, dennoch würde durch den frühen Zwang „die Phase, in der das Kind für sich die Sprache ausprobiert"
(MAYER 2003, S. 65) übersprungen. Damit einher geht das „Primat des
Mündlichen", d.h. der Klang der Sprache ist bereits trainiert worden bzw.
wird natürlich weiter erworben und dann produktiv über das eigene Sprechen umgesetzt. Durch das Anlegen dieses Sprachklangbilds als „mentale
Landkarte" (MAYER 2003, S. 66) ist der Grundstein für die weitere Erarbeitung der Sprache auf der visuellen Ebene (in Schriftform) gelegt.[16]

3.2.2   Syntax und Morphologie

Generell gilt die englische Sprache als relativ leicht zu erlernen, da sie
nicht über die Menge an Flektionen verfügt wie z.B. Deutsch, Französisch
oder Latein. Da es so keine Kasus-Markierungen gibt, verfügt Englisch
über eine relativ starre Syntax (Subjekt – Verb – Objekt/Complement),
sodass hier simple Regeln ausreichen, um – speziell im anfänglichen Lernen – einfache, korrekte Sätze bilden zu können.

Im Bereich der Morphologie besteht Klärungsbedarf im Zusammenhang
mit der Pluralbildung einiger Nomen (z.B. *man – men*, oder *phenomenon –
phenomena*), welche allerdings oft Marginalfälle darstellen und einfach zu
lernen sind. Darüber hinaus ist bei bestimmten Operationen wie z.B. der
Bildung von Partizipien oder der dritten Person Singular unter Umständen
auf Konsonantenverdopplung (*to beg – he begged, to run – he is running*)
und Wegfall oder Änderung von Stammendungen (*to vary – it varies, to
die – dying*) zu achten. Diese folgen allerdings Regeln, die phonologisch,
morphologisch oder lexikalisch bedingt sein können. Die zu lernenden

---

16   MAYER räumt aber auch ein, dass die Anforderungen eines solchen Unterrichts
      sowohl für Schüler wie auch für Lehrer sehr hoch sein können und letzterer vor
      allem die Rolle des „*input provider*" (2003, S. 66) einnimmt. Allerdings wirke
      sich die Schulung des Hörverstehens auch positiv auf die allgemeine Konzentra-
      tionsfähigkeit der Kinder aus.

Ausnahmen bilden hier besonders die unregelmäßigen Verben: Diese haben sprachhistorisch bedingt oder aufgrund einer hohen Produktivität und damit eines hohen Gebrauchs in der Sprache ihre nicht den normalen Bildungen folgenden *Past-Tense-* und *Past-Participle*-Formen meist behalten.

3.2.3   Allgemeine Grammatik und lexikalische Semantik

Generell stellt die englische Grammatik ein System aus Regeln dar, wie sie auch jede andere Sprache enthält. Allerdings beinhaltet diese Grammatik beispielsweise die insbesondere für deutsche Schüler nur sehr schwer nachvollziehbare Unterscheidung in die verschiedenen Zeiten und die sprachlichen Aspekte der *Progressive-* und *Simple*-Formen, welche so auf diese Weise im Deutschen nicht existieren bzw. durch Adverbiale oder Signalwörter kenntlich gemacht werden (Bsp.: *„I'm reading a book."* – „Ich lese *gerade* ein Buch."). Damit vergleichbar ist die Problematik der *Conditionals*, sowohl aus der Tatsache heraus, dass ein dem Deutschen entsprechender Konjunktiv im Englischen so nicht existiert und dass vielen Schülern die Zeitenfolge und Anwendung der Form *would* im *If*-Satz-Hauptsatz-Gefüge noch lange uneinsichtig bleibt. Auch die Anwendung der Personal- und Possessivpronomen macht im Anfangsunterricht Probleme, wenn z.B. das deutsche „ihr" im Englischen sowohl als weibliche Singularform *her* als auch als geschlechtsneutrale Pluralform *their* vorkommen kann (SELLIN 2004, S. 62).

Auf der Ebene der lexikalischen Semantik ist zwar positiv anzumerken, dass viele Kinder durch Medien bereits mit vielen Begriffen im Alltag konfrontiert werden und diese kennen, allerdings besteht dieser Wortschatz unter Umständen aus vielen soziokulturell vom Inhalt des Schulunterrichts abweichenden lexikalischen Einträgen, weswegen im Fremdsprachenunterricht auf eine klare Unterscheidung zwischen verschiedenen semantischen Feldern, die auch von anderen Sprachgemeinschaften unterschiedlich verstanden werden könnten, hingewiesen werden sollte (WESKAMP 2001, S. 87).

Als Sprache an sich besteht Englisch natürlich sprachgeschichtlich sowohl aus niedergermanischen, skandinavischen als auch französischen Einflüssen (GRAMLEY/PÄTZOLD 2004, S. 29-30). Hieraus resultieren entsprechend die oben bereits angesprochenen Probleme und vielfältigen Ausnahmen in Aussprache und Morphologie, allerdings bietet es auch vielfältige Möglichkeiten, die Bildung von Wörtern historisch zu erklären und sich damit besser einprägen zu können. So zeigen sich Verwandtschaften beispielsweise bei Begriffen wie *right* – rechts, *ship* – Schiff, *thing* – Ding oder *net* – Netz. Solche Vergleiche aufzuzeigen ist wichtig und sinnvoll, wenn man bedenkt, dass der Grundwortschatz eines Schülers nach drei Lernjahren bereits etwa 2.000 Wörter umfasst bzw. umfassen sollte (DOFF 2007, S. 51). Problematisch wird es allerdings bei idiomatischen Ausdrücken und auch damit verbunden der teils für Lerner nicht eindeutig analysierbare Gebrauch von Präpositionen (z.B. *to call **up*** = **an**rufen) oder zum Beispiel auch der Unterscheidung zwischen britischem und amerikanischem Englisch, auf die im Anfangsunterricht bewusst verzichtet werden sollte (KNAPP 2003, S. 533).

3.3   Konsequenzen und Grundbedingungen des Englischunterrichts mit legasthenen Kindern

Die Unterschiede der englischen Sprache im Vergleich zur deutschen sind trotz des gemeinsamen historischen Ursprungs recht auffallend. Allerdings gelten die oben aufgestellten Problemfelder generell für alle deutschen – und überwiegend auch anderssprachigen – Muttersprachler, die Englisch als Fremdsprache lernen. Die Didaktik der Anglistik ist demnach gefordert, aus der englischen Sprache eine Lernersprache zu machen und der Lehrer ist aufgefordert, diese Sprache zu vermitteln.

Welche ersten Schlussfolgerungen können nun aus der Betrachtung sowohl der Problematik Legasthenie als auch der spezifischen Probleme beim Erlernen der Fremdsprache Englisch für den Unterricht gezogen werden?

Dazu betrachten wir zunächst die schulrechtliche Stellung lese-rechtschreib-schwacher Kinder in Hessen, um dann auch auf dieser Basis grundlegende Ziele für eine Legasthenikerförderung im Englischunterricht behandeln zu können. Die Herangehensweise an konkretere Bereiche wie Grammatikvermittlung und Vokabelarbeit soll Thema des vierten Kapitels sein – hier soll es zunächst nur um die Grundziele einer Legasthenieförde-rung im Unterricht gehen.

3.3.1   Schulrechtliche Implikationen im Bundesland Hessen

Das HESSISCHE KULTUSMINISTERIUM hat im Mai 2006 die „Verordnung über die Förderung von Schülerinnen und Schülern mit besonderen Schwierigkeiten beim Lesen, Rechtschreiben oder Rechnen" (VOLRR) verabschiedet, welche zum Schuljahr 2006/2007 in Kraft getreten ist und zunächst bis 2011 in dieser Form bestehen bleiben soll. Ausgenommen von der VOLRR sind Schüler, bei denen eine geistige Behinderung vorliegt und die daher einer anderweitig festgeschrieben Förderung bedürfen.

Der Verordnung nach ist die Förderung legasthener Kinder Sache der Schule und auch die Diagnostik und Feststellung einer Legasthenie ist Sa-che der Lehrperson, wobei in schwierigen Einzelfällen Schulpsychologen zur Diagnose hinzugeholt werden dürfen. In einer Schulkonferenz soll da-bei auch eine Lehrkraft zum Ansprechpartner für LRS- oder Rechenprob-leme benannt werden (§4 Absatz 2). Die Erstdiagnose, welche sich an die Grundschullehrer der 1. Klasse richtet, soll „durch die Beobachtung des sprachlichen, kognitiven, emotional-sozialen und motorischen Entwick-lungsstandes und der Lernmotivation" (HESSISCHES KULTUSMINISTERIUM 2006) erfolgen. Jede Schule ist nach §4 aufgefordert, eine „fachlich quali-fizierte Lehrkraft" zu bestimmen einen eigenen Förderplan zu entwickeln. Dieser soll zum einen die betroffenen Schüler emotional aufbauen, moti-vieren, Lern- und Arbeitstechniken vermitteln sowie die Schwächen und Rückstände möglichst ausgleichen. Als Maßnahmen kann die Schule für die betroffenen Schüler verpflichtende Lerngruppen einrichten (§5), eine

Binnendifferenzierung oder einen Nachteilsausgleich durchführen und besondere Regelungen in Zusammenhang mit Leistungsfeststellung (also Schreiben von Klassenarbeiten) oder der Erstellung von Zeugnissen einführen. Zum Nachteilsausgleich (§6) kann die Lehrkraft eine längere Arbeitszeit bei Klassenarbeiten einräumen, spezifische Hilfsmittel (wie Wörterbücher, Arbeitsblätter) oder auch an den vorhandenen Lernstand angepasste Aufgabenstellungen zur Verfügung stellen. Ein Notenschutz ist in §7 insofern vorgesehen, dass dem Mündlichen eine stärkere Gewichtung zukommen soll, Lese- und Schreibleistungen damit verbunden reduziert bzw. nicht bewertet werden und dass der Lehrer seinen „pädagogischen Ermessensspielraum bei Aussetzung der Notengebung für ein Fach" (§7 Absatz 2g) einsetzen sollte. Teilnoten werden in Zeugnissen aber nur jeweils pro Halbjahr ausgesetzt (§8), um so eine Feststellung des Fortschritts des Kindes halbjährlich durchzuführen.[17]

3.3.2   Zwischenfazit: Methodische und rahmenrechtliche Anforderungen des Englischunterrichts mit legasthenen Kindern

Die Förderung legasthener Kinder beginnt natürlich optimalerweise bereits in der Grundschule und sollte dann auch Einzug in den Englisch-Frühsprachenbeginn der dritten Klasse finden. Für diese Gruppe gelten die nachfolgend aufgestellten Grundziele der Förderung natürlich auch. Umso wichtiger ist aber, dass diese Förderung beim Übergang auf höhere Schulen nicht nur fortgeführt, sondern sogar intensiviert wird, da dem auch anhand der Lehrpläne vorgegebenen Niveauanstieg und entstehendem Leistungsdruck von der vierten zur fünften Klasse Rechnung getragen werden

---

17   In einer gesondert erschienenen *Handreichung zur Umsetzung der Verordnung VOLRR vom 18.05.2006* des HESSISCHEN KULTUSMINISTERIUMS vom September 2007 werden Lehrern Informationen zur Umsetzbarkeit der VOLRR dargereicht. Allerdings bieten diese – genau wie die Verordnung an sich – keine Informationen zur Arbeit im englischen Fremdsprachenunterricht.

muss. Geschieht dies nicht, leiden insbesondere auch legasthene Kinder darunter und finden sich – wie weiter oben bereits angesprochen – in einem Teufelskreis wieder.

Auf der Grundlage der Erkenntnisse, die bisher über Legasthenie, die psycholinguistischen Grundlagen des Englischunterrichts und die rechtlichen Rahmenbedingungen im Bundesland Hessen zusammengetragen wurden, möchte ich nun einige methodische und rahmenrechtliche Anforderungen formulieren, die eine Förderung legasthener Kinder im Englischunterricht beachten sollte.

Die Anforderungen im Einzelnen:

1. Die Förderung legasthener Englischlerner sollte nach einer für das Kind verständlichen, aufeinander aufbauenden und jederzeit nachvollziehbaren Struktur erfolgen.

2. Die Förderung legasthener Englischlerner sollte die zeitlich verzögerte Aufnahme von Informationen berücksichtigen und auch damit verbunden grundlegenden, lernbiologischen Prinzipien folgen.

3. Die Förderung legasthener Englischlerner sollte multisensorisch erfolgen, um möglichst viele Sinne anzusprechen und dabei Schwächen in bestimmten Verarbeitungsdefiziten auszugleichen.

4. Die Förderung legasthener Englischlerner sollte früh Graphem-Phonem-Korrespondenzen aufzeigen und trainieren, da hier insbesondere im Vergleich der deutschen zur englischen Sprache legasthene Kinder deutliche Probleme bei der Verschriftlichung zeigen dürften.

5. Die Fehlerkorrektur sollte – auch vor dem Hintergrund der psychischen Förderung des legasthenen Kindes – dem Leistungsstand angemessen und im Rahmen des Notenschutzes den rechtlichen Möglichkeiten entsprechen.

6. Diese Vorüberlegungen und Grundbedingungen sollen auch im Rahmen der im nächsten Kapitel vorgestellten und erarbeiteten Interventionsmöglichkeiten als Grundlage und Kontrolle dienen.

4 Legasthenieförderung im Englischunterricht

Auf der Grundlage der bisher in dieser Arbeit erzielten Erkenntnisse, Empfehlungen aus der Literatur und dem Wissen erfahrener Experten im Bereich Legasthenie sollen nun Möglichkeiten zur Förderung legasthener Kinder im Englischunterricht vorgestellt werden.

4.1 Methodische Grundlage der Untersuchung

4.1.1 Zielformulierung, Vorgehensweise und Quellen

Das Ziel dieses vierten Kapitels soll es sein, Möglichkeiten vorzustellen, um legasthene Kinder im Anfangsunterricht Englisch der Sekundarstufe I, d.h. speziell in den Klassen fünf und sechs, in den Kernbereichen des Fremdsprachenunterrichts zu fördern. Im Sinne einer ganzheitlichen Analyse werden nicht nur die bisherigen Ergebnisse aus den Kapiteln 2 und 3 einfließen, sondern auch fachdidaktische Elemente und Konzepte, die heute allgemein anerkannt sind. Die in den jeweiligen Bereichen vorgestellten Fördermöglichkeiten und Vorgehensweisen sollen dann beispielhaft auf ihre Durchführbarkeit im Unterricht anhand des Schulbuchs *English G 21 A1* aus dem Cornelsen-Verlag Berlin (SCHWARZ 2007) überprüft und evaluiert werden, denn es ist davon auszugehen, dass der Anfangsunterricht der hessischen Gymnasien sich – ausgehend vom Lehrplan des achtjährigen Gymnasiums – oft an diesem Schulbuch orientieren wird. Zwar existiert auch in den Rahmenlehrplänen Hessens die Tendenz, im Unterricht Abstand von Schulbüchern zu nehmen, da die Uniformität dieses Mediums „die [unterschiedlichen] persönlichen Fähigkeiten, die Intelligenz, das Verständnis der Kinder" (FREINET 1981, S. 46) nicht hinreichend abdecke, dennoch gilt diese Tendenz im Allgemeinen eher für höhere Klassenstufen und soll daher in diesem Rahmen zunächst vernachlässigt werden.[18] Beim

---

18 Es werden in den allgemeinen Abschnitten ohnehin Methoden und Ideen vorgestellt werden, die an sich nicht konkret an ein Schulbuch angelehnt werden kön-

Transfer auf *English G 21 A1* wird dann beispielhaft an Elementen des Schülerbuches und in Rückgriff auf die jeweils vorgestellten Fördermöglichkeiten und die von SCHWARZ herausgegebenen didaktisch-methodischen *Handreichungen für den Unterricht* (2006) zu *English G 21 A1* überprüft und bewertet, inwiefern sich das Buch als hilfreich für die Förderung legasthener Schüler erweist.[19]

Da es bisher nur wenig Literatur zur methodischen Behandlung legasthener Kinder im Englischunterricht gibt,[20] hielt ich es für sinnvoll, nicht nur diese wenige Literatur in die vorliegende Evaluation einzubeziehen, sondern besonders auch die Kenntnisse und Erfahrungen von professionellen Legasthenietherapeuten und -trainern zu erfragen und einzuarbeiten.

4.1.2   Methodische Vorgehensweise im Experteninterview

Für die Durchführung der Befragung wurde die Befragungsmethode des Experteninterviews gewählt, welches sich als nichtstandardisiertes Leitfadeninterview an einer generellen Fragestellung orientiert und dabei alle Fragen beantworten sollte, dies aber nicht strikt in der Reihenfolge geschehen muss, sondern sowohl dem Interviewer als auch der befragten Person die nötigen inhaltlichen und strukturellen Freiräume lässt (GLÄSER/ LAUDEL 2006, S. 39-40). Dabei wurde als Untersuchungsziel formuliert:

---

nen, weswegen die von FREINET in der Literatur immer wieder zitierte Forderung somit auch zu einem gewissen Maß ihre Bestätigung im Legastheniker-Englisch-Förderunterricht findet.

19   Dazu soll aber gleichzeitig erwähnt werden, dass der Bezug zu *English G21 A1* nur exemplarisch der Veranschaulichung dienen soll. Die angesprochenen Aspekte und Vorschläge treffen auch auf andere, aktuell auf dem Markt verfügbare Englisch-Schulbücher zu.

20   Zu der in die Zusammenstellung der Methoden einbezogenen Literatur gehören insbesondere: DAST (2003): *Das unnötige Versagen in Englisch;* SELLIN (2004): *Wenn Kinder mit Legasthenie Fremdsprachen lernen;* ZANDER (2002): *Was ist LRS-Förderung im Englischunterricht?*

„Welche Förder- und Interventionsmöglichkeiten gibt es für legasthene/ lese-rechtschreib-schwache Kinder beim Lernen von Englisch als Zweitsprache allgemein und speziell im Schulunterricht?" Der Leitfragebogen wurde in fünf Fragen unterteilt, welche anhand verschiedener Aspekte untergliedert bzw. mit optionalen Fragen ergänzt wurden (siehe Anhang A). Die Leitfragen wurden offen, neutral und einfach formuliert, um Suggestivfragen zu vermeiden und dem Experten zu erlauben, ein dementsprechend möglichst breites Spektrum an Wissen und Erfahrungen einbringen zu können. GLÄSER und LAUDEL weisen aber auch auf die mögliche Anwendung von unterstellenden Fragen (oder auch Entscheidungsfragen bei Nachfragen) hin, um mit dem Experten eine gemeinsame Ausgangsbasis finden und auch die Autorität desselben im Gespräch festigen zu können (2006, S. 130-131). Daher wurden z.B. auch Fragen integriert, die umstrittene Meinungen zu gewissen Methoden beinhalten oder die Frage, ob die Legasthenieförderung nun Sache der Schule sei oder nicht.

Für ein qualitatives Interview in diesem Rahmen werden 10 bis 20 Befragte für gesicherte Ergebnisse empfohlen (KÖNIG/ZEDLER 1998, S. 157), sodass die vorliegende Erhebung mit 10 Interviewpartnern als hinreichend zu werten ist und sich auch dementsprechend diverse Methoden und Hinweise in späteren Interviews wiederholten und dann als redundante Äußerungen als Maß für die besondere Wichtigkeit einzelner vorgestellter Aspekte betrachtet werden konnten. Bei der Auswahl der Interviewpartner wurde besonders darauf geachtet, dass sie Experten auf ihrem Gebiet sind und langjährige Erfahrungen mit englischlernenden Schülern gehabt haben, darüber hinaus in der Legasthenietherapie ausgebildet sind bzw. weitgehende Kenntnisse darin vorweisen und diese beiden Wirkungsfelder bereits erfolgreich miteinander in der Praxis verbunden haben. Die Auswahl wurde insofern bewusst breit gestreut, als dass verschiedene Therapeuten diverser Ausbildungen und Verbände sowie Gymnasial-Lehrkräfte und Förderlehrer zu Wort kommen.

Zur Auswertung wurde aufgrund des übersichtlichen thematischen Rahmens auf eine dem Untersuchungsziel angepasste, zusammenfassende Inhaltsanalyse nach MAYRING (2003) gesetzt. Dabei gilt es, „das Material so zu reduzieren, [dass] die wesentlichen Inhalte erhalten bleiben, durch Abstraktion einen überschaubaren Corpus zu schaffen, der immer noch Abbild des Grundmaterials ist." (MAYRING 2003, S. 58) Die Interviews wurden dafür zunächst anonymisiert transkribiert, sodass die Interviewpartner als Interviewpartner 1, Interviewpartner 2 oder IP1, IP2 usw. zu erkennen sind.[21] Beim Transkribieren wurde – der Form eines Experteninterviews entsprechend – weitgehend auf die Transkription akzentbedingter oder sinnleerer Elemente wie Diskurspartikel (z.B. „äh", „ähm") oder ähnlichem verzichtet (GLÄSER/LAUDEL 2006, S. 188-189). Im nächsten Schritt wurde durch Paraphrasierung und Abstrahierung ein Raster entwickelt, in welches die Materialeinheiten thematisch nach den unterschiedlichen zu fördernden Teilbereichen des Englischunterrichts eingegliedert werden konnten. Während in einer Reduktion dann doppelt genannte oder nicht für die Zielstellung nötige Aussagen gestrichen wurden, wurde das übrige Material analysiert bis ein komplettes, thematisch übersichtliches Kategorienraster entstanden ist, auf das zur in 4.2 anstehenden Erarbeitung der Fördermöglichkeiten zurückgegriffen werden kann. Die Kategorien wurden dabei mit Abkürzungen versehen, um auf diese einfacher verweisen zu können, und dort, wo es angemessen und sinnvoll ist, werden nachfolgend auch Zitate aus den Interviews mit eingebracht werden.[22]

---

21   Auf die transkribierten Interviews wird nachfolgend wie folgt verwiesen: z.B. IP3.Z12 = Interviewpartner 3, Zeile 12. Die Transkriptionen befinden sich – im Gegensatz zur qualitativen Inhaltsanalyse – nicht in dieser Publikation.

22   Die Inhaltsanalyse findet sich in Tabellenform im Anhang B zusammen mit einer weiteren Zusammenfassung der Vorgehensweise. Nachfolgend wird auf diese Analyse wie folgt verwiesen: z.B. K5.1 = Kategorie 5.1.

4.2　Erarbeitung von Fördermöglichkeiten für den Unterrichtsalltag anhand von Kernprozessen des Englischunterrichts

Die nachfolgend vorgestellten Fördermöglichkeiten wurden aufgeteilt in die für die legasthenen Kinder zu fördernden Kernbereiche des Englischunterrichts. Zu diesen Kernbereichen gehören Grammatikvermittlung, Fördern von Aussprache und Rechtschreibung, Vokabel-/Wortschatzarbeit und Förderung von Hör- und Leseverstehen. Die nachfolgend zusammengetragenen Ideen, Methoden und Möglichkeiten sollen als Sammlung und Handreichung angesehen werden ohne Anspruch auf Vollständigkeit. Dennoch beinhalten sie die nach Meinung der Experten wichtigsten Aspekte einer Förderung legasthener Schüler im Englischunterricht – Aspekte, welche wiederum je nach Symptomatik des legasthenen Kindes neu bewertet und gegebenenfalls modifiziert werden müssen.

Die zentralen Problembereiche legasthener Schüler im Englischunterricht werden jeweils zusätzlich in besonderer Beziehung mit dem Schulbuch *English G21 A1* dargestellt, da dies als maßgebliche Quelle für den Unterrichtsstoff in der Klasse 5 verwendet werden dürfte. Zunächst müssen zur Bewältigung der Kernbereiche aber auch Rahmenbedingungen hergestellt werden, die an erster Stelle diskutiert werden sollen.

4.2.1　Herstellen von Rahmenbedingungen

Wenn Rahmenbedingungen die Voraussetzung für eine gute Legasthenieförderung sein sollen, dann muss diesen noch eine Bedingung vorgeschaltet werden: eine entsprechende fachliche Ausbildung der Lehrkraft. Das Fehlen dieser Kenntnis einiger Lehrer über das Thema Legasthenie erwähnen und kritisieren alle befragten Experten und empfehlen daher auch verpflichtende **Fortbildungen**[23] und verpflichtende Veranstaltungsanteile in der Ausbildung (K1.10/SELLIN 2004, S. 36), damit man sowohl eine Legasthenie erkennen kann, als auch die Verarbeitungsprobleme in allen Bereichen des Unterrichts möglichst gut fördern kann (K1.5). Sofern für die Schule ein psychologisches Gutachten über die Legasthenie des Kindes angefertigt werden muss, sollten dabei auch Teilleistungsstörungen für den Lehrer eindeutig benannt werden, um gezielt auf die defizitären Bereiche eingehen zu können (K1.9). In dieser Hinsicht sei auch zwingend die Auseinandersetzung mit dem LRS-Erlass nötig, da dieser als rechtliche Möglichkeit dem legasthenen Kind **Notenschutz** und den nötigen **Nachteilsausgleich** zur Bewältigung des Schulalltags ermöglicht (K1.1). Wichtig sei es aber nach IP9, dass sich der betroffene Schüler nicht auf dem Nachteilsausgleich „ausruht", sondern in inhaltlichen Aspekten des Unterrichts nach ähnlichen Maßstäben wie ein normaler Schüler gemessen wird – schließlich seien legasthene Kinder nicht minder intelligent.

Nach der VOLRR wird Kindern mit diagnostizierter LRS zwar Notenschutz gewährt und teilweise dann die Notengebung ausgesetzt oder nur auf andere als die schriftliche Leistung bezogen, DAST (2003) geht das aber nicht weit genug. Er hinterfragt generell die Notengebung im Englischunterricht im Vergleich zum Wegfall der Notengebung in den ersten beiden Grundschuljahren. Die Notengebung unterstellt, „dass aus jedem [Hervorhebung im Original] sprachlichen ‚Input', der gegeben wird, auch ein ‚Intake' beim Schüler werden kann. Dies ist lernbiologisch gar nicht möglich." (DAST 2003, S. 12) Gerade ein durch vielfältigere Methoden natürlicherer Spracherwerb werde durch den von Anfang an bestehenden Leistungsdruck durch Klassenarbeiten und Überprüfungen wie Vokabeltests von Anfang an unterbunden.

Generell sollte der Unterricht – für legasthene wie gesunde Kinder – nach einer **klaren Struktur** verlaufen, d.h. Schritt für Schritt Inhalte aufeinan-

---

23   Nachfolgend werden in diesem Kapitel Kernpunkte und -thesen für den Unterricht mit legasthenen Englischlernern zugunsten einer optischen Unterstützung und damit besseren Übersichtlichkeit in Fettdruck dargestellt.

der aufbauen. Dazu sind natürlich vielfältige Methoden möglich. BREZING kritisiert aber den Einsatz von offenen Unterrichtsformen, denn „[für legasthene] Kinder kann ‚entdeckendes Lernen' eine deutliche Überforderung darstellen." (BREZING 2002, S. 196) Daraus folgt auch, dass die oft geforderte Lernerautonomie bei der Förderung legasthener Englischlerner zugunsten stärkerer Strukturiertheit eingeschränkt werden muss. Dies kann allerdings zu Lasten eines natürlicheren Ansatzes des Sprachenlernens gehen (WESKAMP 2001, S. 83-84) und sollte daher von der Lehrperson je nach Grad der Legasthenie abgewogen werden. IP1 jedoch stellt einen Vorteil in offenen Methoden darin fest, dass das legasthene Kind so an sein eigenes Lerntempo angepasst arbeiten kann. Auch die sogenannte Freiarbeit biete besonders hyperkinetischen Kindern die Möglichkeit, zwischendurch aufzustehen und sich zu bewegen (ZANDER 2002, S. 15). Diese Arbeiten bedürfen allerdings natürlich im Vorherein einer genauen Planung und nehmen im allgemeinen Unterrichtsfluss viel Zeit ein. Als Kompromiss sollte daher ein fördernder Unterricht generell in einem **langsameren Tempo** ablaufen, um der Wahrnehmungsverzögerung legasthener Kinder Rechnung zu tragen – sowohl was Lernprozesse an sich als auch beispielsweise die Sprechgeschwindigkeit der Lehrperson angeht (K1.12). Dies stellt allerdings im Angesicht der neuen achtjährigen Gymnasialzeit ein großes zeitliches Problem dar – trotz des frühen, aber sehr basalen Fremdsprachenbeginns bereits in der Grundschule.[24] Aus diesem Zeitdruck heraus empfiehlt sich allerdings auch dann, wenn eine englischsprachige Erläuterung diffiziler Aspekte zu lange dauern würde, kurz auf die **deutsche Sprache** zugunsten der Verständlichkeit zurückzugreifen (K1.3).

---

24   Vielfach wird die Umsetzung des achtjährigen Gymnasiums (G8) im Bundesland Hessen und bundesweit ohnehin kritisiert, da es die Schüler unnötig unter Druck setze, weil der Lehrplan nicht entlastet oder gestrafft worden sei, sondern lediglich der gleiche Stoff in einem Jahr weniger durchgenommen werden muss. Das HESSISCHE KULTUSMINISTERIUM reagierte auf diese Kritik mit der Forderung nach einer flexibleren Stundenverteilung im G8-Lehrplan von der Kultusministerkonferenz (2007b).

Bei der **Korrektur von Fehlern** insbesondere im mündlichen Bereich sollte bei legasthenen Kindern mit größerer Toleranz vorgegangen werden, um
diese nicht zu entmutigen und bereits Sprachansätze der – wenn auch nur
basal vorhandenen – *Interlanguage* durchaus zu fördern und zu loben.
Auch scheint ein konstruktivistisches Herangehen an Fehlerkorrektur
durch Selbstkontrolle oder Korrektur anderer Mitschüler (WESKAMP 2001,
S. 21) nicht erfolgsversprechend zu sein, da z.B. Selbstkontrolle zum einen
vermutlich aufgrund der Legasthenie nicht einwandfrei und schnell genug
ablaufen kann und die Korrektur durch Mitschüler unter Umständen An-
lass zu Konflikten zwischen legasthenem und gesundem Kind bieten könnte. Insbesondere im schriftlichen Bereich muss dann abgewogen werden,
inwiefern welche Fehler korrigiert werden, und der Lehrer sollte sich fragen, ob die Fehlersymptomatik nun legastheniebedingt ist oder Fehler
eines Fremdsprachenlerners darstellen (K1.8). Dass diese Unterscheidung
oftmals schwer fallen wird, dürfte klar sein, zeigt aber wieder die Notwendigkeit einer Sensibilisierung der Lehrperson gegenüber der Fehlersymptomatik eines Legasthenikers (s. 2.3.1).

Auch der Einsatz von Medien sollte den Bedingungen legasthener Kinder
gerecht werden. Daher ist eine **vielfältige Material- und Medienausstat-
tung** der Klassenzimmer unumgänglich (K1.4). Ein multisensorischer
Unterricht ist dabei durch eine Vielzahl von verschiedenen Medien sinnvoll (BREZING 2002, S. 194), kann aber auch schnell durch eine Überla-
dung von Reizen einen negativen Effekt haben. Auch weist BREZING
(2002, S. 194) darauf hin, dass multisensorisches Arbeiten oft insofern
missverstanden wurde und wird, als dass nicht *nacheinander* verschiedene
Lernkanäle (visuell, auditiv, haptisch) angesprochen werden sollen, sondern diese durch bestimmte Methoden möglichst alle *gleichzeitig* aktiviert
werden und so zu einer besseren Aufnahme des Lernstoffs führen.
Insbesondere im Zusammenhang mit den von Schulbuchverlagen zur Verfügung gestellten Arbeitsmaterialien (Lehrbücher, Arbeitsblätter) sollten
diese ständig „auf gute Lesbarkeit, klare Gliederung und deutliche Strukturierung" (BREZING 2002, S. 196) überprüft werden, da lese-rechtschreib-
schwache Kinder ansonsten überfordert werden könnten. **Zusätzliche**

Lernhilfen sind bei der Förderung eines legasthenen Schülers unumgänglich, erfordern aber gleichzeitig auch eine weitergehende Unabhängigkeit vom Lehrwerk (K1.11) – erneut ein Problem, welches im Rahmen eines eng gesteckten Lehrplans im verkürzten Gymnasium problematisch werden kann.

Der Umgang der Lehrperson mit dem legasthenen Kind im Unterricht verlangt sehr viel Feingefühl und sollte die besondere psychologische Situation und Motivation des Kindes durch **Offenheit** und eine **positive Einstellung** stärken (K1.7), damit z.B. nicht das Defizit des Kindes im Sinne von „5 von 10 Aufgaben sind falsch", sondern die positive Seite – „5 von 10 Aufgaben sind richtig" – hervorgehoben wird (IP3.Z232-234). Wichtig ist dabei auch, dass die Klasse für die Problematik **sensibilisiert** wird, um zu verhindern, dass der Legastheniker als bevormundet betrachtet wird, wodurch es leicht zu Spannungen in der Gruppe kommen könnte (K1.6). Eine Sensibilisierung der gesamten Gruppe erleichtert den Umgang aller mit dem betroffenen Schüler und bietet unter Umständen sogar die Möglichkeit, andere Schüler bei Förderübungen als Betreuer des Legasthenikers mit einzubinden.

Die unzureichende Aufmerksamkeit legasthener Kinder stellt den Experten zufolge ein großes Problem dar und sollte daher auch Bestandteil der Förderung sein. Ein in den Englischunterricht eingepasstes **Aufmerksamkeits-, Gedächtnis- und/oder Lerntraining** steigere die Aufmerksamkeit und sichere somit die Voraussetzung für eine Informationsaufnahme (K1.14). Als Beispiele für Aufmerksamkeitsübungen werden Phantasiereisen mit unterlegter Musik, Tangram oder Bewegungsspiele genannt.[25] Letztere erscheinen auch vor dem Hintergrund einer hyperkinetischen Pro-

---

25 Inwiefern ein Einbeziehen eines Aufmerksamkeitstrainings im zeitlichen Rahmen des alltäglichen Englischunterrichts praktikabel ist, bleibt natürlich fraglich. Unter Umständen wäre die Entwicklung eines Trainings sinnvoll, welches sowohl Elemente der englischen Sprache als auch Elemente eines Aufmerksamkeits-/Gedächtnis-/Lerntrainings enthält. Im Allgemeinen könnte ein zeitliches Problem der Intensiv-Betreuung durch das Einsetzen eines zweiten Lehrers, also durch *team teaching*, gelöst werden (K1.2).

blematik des legasthenen Kindes als sinnvoll. Aber auch beispielsweise im Unterrichtsgespräch kann schon durch einen **direkten Augenkontakt** mit dem Kind, wenn es durch den Lehrer angesprochen wird, die Aufmerksamkeit konzentriert werden (K1.13).

4.2.2   Vermittlung der Grammatik

4.2.2.1 Allgemeine Vermittlung der Grammatik

In Bezug auf Themenbereiche der Grammatik machen legasthene Englischlerner weitestgehend „die gleichen Fehler wie alle anderen Schüler, nur unterlaufen diese ihnen über einen längeren Zeitraum und in größerer Zahl." (SELLIN 2004, S. 62) Zu diesen Bereichen gehören – einschließlich der in 3.2.3 vorgestellten – insbesondere der Gebrauch der Zeiten und der verschiedenen Aspekte und Modi sowie die Satzstellung, da diese beiden Bereiche vom Deutschen relativ stark abweichen und daher auch in Bezug auf die Muttersprache Deutsch gelehrt werden (K2.8). IP3 legt deshalb auch besonderen Wert auf die **Erarbeitung des Satzbaus** (K2.11) beispielsweise durch verschiedenfarbige Lernkarten, welche dann zu korrekten Sätzen zusammengebaut werden müssen. Aber gerade auch die Zeiten lassen sich oft anschaulich in ihrem Ablauf und Vorkommen illustrieren. Vier der zehn befragten Experten betonen daher auch explizit, dass Grammatik in jedem Fall **anschaulich und visuell** dargeboten werden sollte (K2.1). Umfangreiche **Tafelbilder** sollten dann natürlich zugunsten eines einfacheren Abschreibens des Kindes entweder vermieden werden oder bereits als Handout vorbereitet sein (K2.13), damit das Kind nicht unter Zeitdruck das Tafelbild abschreiben und auf Basis falsch abgeschriebener Inhalte seine Hausaufgaben erledigen muss (SELLIN 2004, S. 78).

Eine anschauliche und visuelle Darstellung bezieht sich demnach aber nicht nur auf die Darstellung von Regeln als Tafelbilder, sondern auch auf die darüber hinaus verwendeten Materialien, welche insbesondere für legasthene Kinder übersichtlich und einfach strukturiert sein müssen (K2.4).

Diese Übersichtlichkeit und Strukturiertheit entsteht daraus, dass ein Arbeitsblatt relativ **wenig Text**, diesen aber in einer großen Schriftart darbietet und dabei auf überflüssige Illustrationen verzichtet, da dies Legastheniker überfordert und von den eigentlichen Inhalten ablenkt. In ihrer Gestaltung positiv unterscheiden sich damit die Workbooks von gängigen Schulbüchern, da erstere durch die vorwiegende Einfarbigkeit und DIN-A4-Größe für Legastheniker eine geeignetere, graphische Aufmachung besitzen (SELLIN 2004, S. 32-33). Ein spezifisch auf legasthene Kinder zugeschnittenes Lernmaterial könnte in dieser Form nicht nur die differenzierte Wahrnehmung unterstützen, sondern auch die Grundmotivation und damit den Lernfortschritt begünstigen (K2.9). Dabei erscheint es natürlich auch günstig, die **Schreibanteile** in den entsprechenden Grammatikübungen auf das Nötigste zu reduzieren (K2.6), damit die Rechtschreibprobleme nicht unnötig das Üben der Grammatik erschweren. Dies gilt entsprechend ebenso für die Anweisungen oder Texte in Klassenarbeiten, welche für legasthene Kinder entsprechend größer sein und auf das Nötigste reduziert werden sollten.

Zur konkreten Erarbeitung von Grammatik im Unterricht mit legasthenen Kindern wird eine **spielerische Herangehensweise** beispielsweise durch Elemente der Montessori-Pädagogik empfohlen (K2.10), bei der ein „passiver Lehrer [sich bemüht], das Hindernis beiseite zu räumen, das seine eigene Autorität darstellen könnte, und der somit bewirkt, dass das Kind von sich aus tätig werden kann" (MONTESSORI 1992, S. 116-117). IP5 und IP6 haben ebenfalls gute Erfahrungen mit dem Lük-System (Westermann Lernspielverlag) gemacht, welches zwar einen eher systematischen und an der Vorgehensweise von Arbeitsblättern orientierten Aufbau bietet, aber in der Praxis dennoch zu einer gesteigerten Anfangsmotivation der Kinder geführt hat (K2.7).

Mehrfach betont wird in den Interviews auch, dass die Legasthenie eine **verstärkte Wiederholung** von grammatischen Inhalten notwendig macht (K2.2). Zwar wird eingeworfen, dass legasthene Kinder intelligent seien und die Grammatik an sich verstehen würden (K2.12), allerdings scheint

die Wiederholung dann auf dem Hintergrund der bereits diskutierten
Wahrnehmungsprobleme und zeitweisen Unaufmerksamkeit im (Unter-
richts-)Alltag wiederum Sinn zu machen.

Empfohlen wurde im Zusammenhang mit dem Lernen von Grammatik
auch das **Anlegen eines eigenen Grammatikhefts bzw. einer Gramma-
tikmappe** (K2.5). Auch Zander empfiehlt das Anlegen eines gesonderten
Hefts, in dem die Kinder die Seiten durchnummerieren und der Lehrer ihnen ein Inhaltsverzeichnis zur Verfügung stellt, welches in einer aufeinander aufbauenden, aber festgelegten Reihenfolge – also nicht zwingend nach
Vorkommen im Schulbuch – die grammatischen Strukturen enthält (2002,
S. 63-64). Legasthenen Kindern ist somit eine feste Struktur vorgegeben,
nach der sie sich richten und grammatische Themen bei Bedarf nachschlagen können.

Für das Einsetzen von **lebensnahen Beispielen** bei der Grammatikvermittlung (K2.3) plädiert nicht nur IP3, sondern auch DAST, indem er Schüler-
meinungen einbringt, die davon berichten, dass sowohl Unterrichtssitua-
tion, Sprechanlässe, als auch die zu behandelnden Texte künstlich seien
und sich die Schüler dadurch „intellektuell nicht ernst genommen fühlen."
(2003, S. 17)

Zusammenfassend kann demzufolge ein generell **kommunikativ orien-
tierter Grammatikunterricht** (DOFF 2007, S. 63-64) auch für legasthene
Kinder von Vorteil sein. Das Einsetzen von kognitivierenden und habitua-
lisierenden Elementen zwecks Wiederholung und Einübung sollte demnach ein Grundelement beim Üben darstellen. Allerdings bleibt vom Lehrer zu testen und zu beachten, ob bei der ersten Vermittlung eines neuen
grammatischen Themas nicht nur deduktiv vorgegangen werden kann,
sondern ob das Kind auch induktiv auf die Regeln schließen kann und umgekehrt, um dann gegebenenfalls Hilfestellungen zu leisten.

4.2.2.2 Vermittlung der Grammatik mit *English G 21 A1*

Allgemein ist zu sagen, dass sich der Aufbau des *English G 21 A1* (*EG21*) im Vergleich zu früheren Ausgaben bzw. anderen Fremdsprachen-Schulbüchern deutlich zugunsten eines „ganzheitlichen Lernens und der Schüler- bzw. Handlungsorientierung" (SCHWARZ 2006, S. 5) verbessert hat. So beginnt jede Unit mit einem Einstiegsteil (*Lead-In*), in dem das zentrale Thema eingeführt und mit Aktivitäten wie z.b. Spielen oder kurzen Hörverständnisaufgaben gearbeitet wird. Darauf folgt die *A-Section*, welche den zentralen Lernstoff und weitere Aktivitäten präsentiert, bevor die eigentlich grammatischen Themen dann im *Practice*-Abschnitt geübt werden können. Erst an letzter Stelle – vorher war es meist nach einer kurzen Einleitung direkt am Anfang jeder Unit – folgt der eigentliche *Text*, welcher die Unit dann in zusätzlichen, aber eher inhaltlichen Übungen abschließt.

Der Grammatikteil des *EG21* findet sich – wie bei den meisten Englisch-Schulbüchern – weiter hinten im Buch vor den Vokabellisten und ist in Spalten aufgebaut, wobei die gelb hinterlegte Spalte jeweils Beispiele, Verweise und grammatische Formen bietet, die rechte Spalte dazu passende Erläuterungen, wichtige Hinweise und Merksätze:

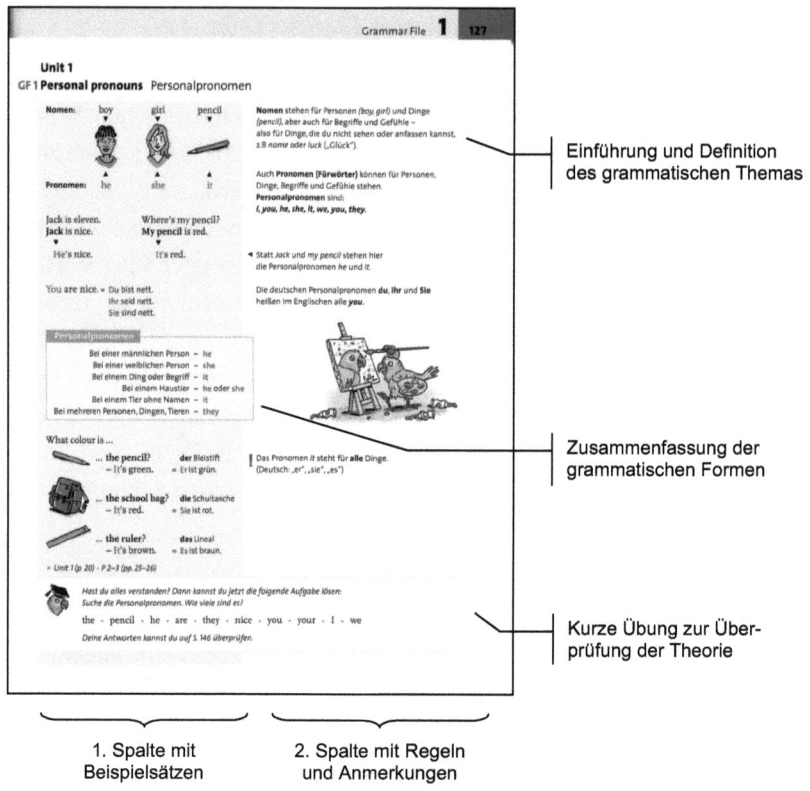

Abb. 3: Grundaufbau einer Grammatikseite mit Erläuterungen
(Quelle: SCHWARZ 2007, S. 127)

Die Aufteilung scheint zunächst etwas verwirrend, erschließt sich aber –
für einen gesunden Menschen – recht schnell. Für Legastheniker dürfte es
allerdings Probleme geben durch die relativ kleine Schriftart und die doch
gedrängten Beispiele, die jeweils noch durch Zeichnungen „unterstützt"
werden. Auch die zusätzlich eingebunden kleinen Grammatikübungen erscheinen zwar als nette Lernstütze, belasten aber den theoretischen Grammatikteil zusätzlich. Hier ist also eine stärkere Konzentrierung auf die

Grammatikvermittlung im Klassenraum durch die Lehrperson und eine anschauliche Visualisierung mithilfe von Tafel, Arbeitsblättern und Grammatikheft notwendig.

Die eigentlichen Grammatikübungen der ersten Unit sind noch recht übersichtlich, wenn sie auch etwas viel Text enthalten. Allerdings ist hier im direkten Vergleich zweier Übungsseiten der Übungsteil der dritten Unit (rechts) deutlich unübersichtlicher:

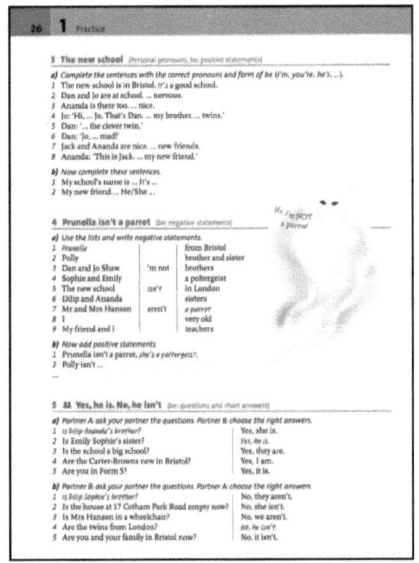 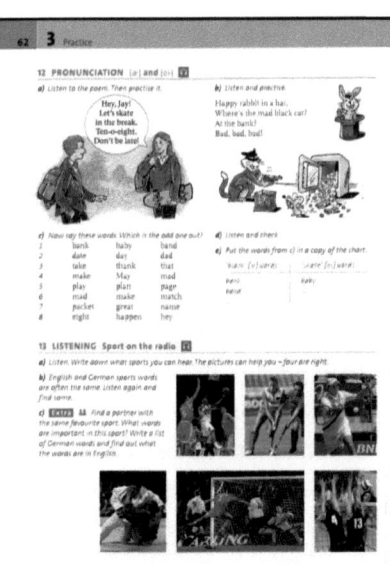

Abb. 4: Vergleichender Überblick zweier Übungsseiten

Links: relativ strukturiert und klar, rechts: unübersichtlicher durch zu viele visuelle Elemente (Quelle: SCHWARZ 2007, S. 26/62)

In solchen Fällen könnte der Lehrer durch Herauskopieren und anschließendem Ausschneiden der störenden Elemente dem legasthenen Kind helfen, eine zu starke Ablenkung zu vermeiden. Ein gleichzeitiges Vergrößern der Übung würde dem Kind auch erlauben, die recht kleinen Lücken, in die jeweils die Lösungen eingetragen werden sollen, zu nutzen, wodurch ein

langwieriges und schwieriges Abschreiben des Satzes in das Schulheft ent-
fallen würde.

Darüber hinaus wird auf eine deutsche Übersetzung der Arbeitsanweisungen komplett verzichtet. Der Lehrer sollte sich also bei der Arbeit mit
EG21 immer bei den Schülern versichern, dass sie die Arbeitsanweisungen
verstanden haben. Insbesondere Fachbegriffe – sollten sie nicht unmittel-
barer Bestandteil der gerade behandelten Grammatik sein – könnten Legastheniker verwirren und sollten daher noch einmal kurz vor Bearbeitung der
Aufgaben geklärt werden.

4.2.3 Förderung der Aussprache und Rechtschreibung

4.2.3.1 Allgemeine Förderung der Aussprache und Rechtschreibung

Trotz dass bisher Erkenntnisse über die Auswirkungen einer muttersprach-
lichen Legasthenie auf das Erlernen einer Fremdsprache in Studien eher
wenig Beachtung gefunden haben, liegt es nahe, von einer möglichen
Problematik auszugehen, wenn man z.B. die verminderte Graphem-
Phonem-Korrespondenz des Englischen in Betracht zieht und somit eines
der Hauptsymptome der Legasthenie in der Muttersprache Deutsch sich so
auch in der ersten Fremdsprache finden lassen dürfte. BREZING weist daher
auch darauf hin, dass Rechtschreibschwierigkeiten in der Fremdsprache
meist auf bereits bestehende Probleme in der Muttersprache folgen, aber
im Gegensatz dazu „gelingt einer Teilgruppe von Schülerinnen und Schülern das Erlernen von Fremdsprachen ohne auffällige Probleme." (BREZING
2002, S. 191) Dennoch erscheint ein möglichst hohes Maß an Kompensa-
tion der Probleme in der Muttersprache grundlegend als sinnvoll, sodass
das legasthene Kind bereits vor Erlernen des Englischen ein **Training im
Bereich Deutsch**, vorzugsweise in der Grundschule, genossen haben sollte, denn legasthene Kinder „haben im Deutschen die vielfältigen Laut-
Buchstaben-Beziehungen nie als stabil erlebt, somit haben sie keinerlei
Strukturempfindungen, mit denen sie die neuartigen Laut-Buchstaben-

Beziehungen des Englischen vorstrukturieren könnten." (DAST 2003, S. 22) Auch in der Förderung von Aussprache und Rechtschreibung sollten immer wieder **Bezüge zur deutschen Sprache** hergestellt werden (K4.3) – durchaus auch sprachhistorisch in Bezug auf die gemeinsamen sprachlichen Ursprünge der beiden Sprachen (SPARKS/MILLER 2000, S.128), damit die Schüler möglichst schnell Zusammenhänge zwischen Schreibweise und Aussprache lernen.

Aufgrund der größeren Diskrepanz zwischen Graphem und Phonem im Vergleich zur deutschen Sprache befürwortet die Mehrzahl der Experten ein **systematisches Graphem-Phonem-Training** (K4.6), z.B. auch auf eine „natürliche" Weise, wie dies beim bereits in Kapitel 2.5 erwähnten Schriftspracherwerb nach FRITH wünschenswert wäre.[26] Auch hier sollten Bezüge oder Vergleiche zum Deutschen aufgezeigt werden und einzelne Laute und deren Schreibweise beispielsweise durch eine übertriebene Artikulation oder „Mundgymnastik" (IP3.Z279-281) trainiert werden. Bei der Schulung der Aussprache ist allerdings eine gute **Ausspracheschulung der Lehrkraft** von besonderer Wichtigkeit, da ansonsten beispielsweise eine Zwischenstufe zwischen [ð] und [s] zu einer falschen Aussprache des „th" führt, da Kinder mit auditiven Verarbeitungsproblemen den Laut nicht differenzieren können. Aus diesem Grund könnte auch der **Einsatz eines** *native speakers* – falls möglich – im Unterricht sinnvoll sein (K4.8).[27]

---

26 Nach KRIJGSMAN bringe eine Graphem-Phonem-Strategie in der Fremdsprache recht wenig. Die Wortbildstrategie sei in jedem Fall angebrachter. Sie begründet das dadurch, dass „der Beziehung zwischen Phonem und Graphem [im Fremdsprachenunterricht] oft zu wenig Aufmerksamkeit zukommt." (S. 9) Aber gerade dies sollte sich ja ändern! Sie widerspricht sich hier auch insofern, als dass sie zwei Seiten später empfiehlt, bei LRS-Förderung basal mit Graphem-Phonem-Korrespondenzen zu beginnen.

27 Der Einsatz eines englischsprachigen *native speaker* ist natürlich grundsätzlich zu begrüßen. Allerdings geht man bei der Begrifflichkeit *native speaker* aufgrund der stärkeren Bedeutung des Englischen als *lingua franca* und der verschiedenen „*World Englishes*" (WESKAMP 2001, S. 91) eher dazu über von der Wichtigkeit und Prägung eines *model speaker* oder *intercultural speaker* zu sprechen, da im gegenwärtigen und zukünftigen Alltag weniger die Konversation mit englischen

Auch eine Schulung der Satzmelodie und Betonung ist nach IP3 wichtig (K4.7), allerdings verneinen mindestens drei Experten den Einsatz von Lautschrift im Rahmen der Ausspracheschulung (K4.4), da dies legasthene Kinder nur verwirre. Auch eine „intermediäre Lautschrift", welche gemäß der deutschen Rechtschreibung das Wort abbildet, scheint nicht geeignet (DAST 2003, S. 46).[28]

Um einen natürlicheren Fremdsprachenerwerb zu begünstigen, sollte das Hören und Sprechen der Sprache im Englischunterricht an erster und wichtigster Stelle stehen (K4.2). Allerdings müsste die **Orthographievermittlung** nach IP4 ebenfalls einen höhren Stellenwert einnehmen (K4.1), da Orthographie des Englischen bisher meist nur als „Anhängsel der Wortbedeutung" (IP4.Z196) betrachtet wurde. Als Gegensatz zum Graphem-Phonem-Training erreichen IP7 und IP10 diese Orthographievermittlung überwiegend durch ein Training des **Wortbildgedächtnisses** bzw. der Wortbildspeicherung auf spielerischem Weg (K4.5): So werden beispielsweise Laufdiktate oder sogenannte „Lauf-Merk-Übungen" eingesetzt, bei denen die Kinder sich von Zetteln in einem anderen Bereich der Klasse die Worte einprägen, zurück zu ihrem Heft laufen und das Wort dort niederschreiben müssen (IP7.Z36-39). Auch ein wiederholtes Nachfahren eines Wortes mit dem Stift (IP10.Z48-55) oder Wortaufbau- bzw. Wortabbauübungen (IP7.Z40), bei denen nacheinander Buchstaben zum Wort hinzugefügt oder wieder entfernt werden, können der besseren Einprägung des Wortbildes helfen.

Im Zusammenhang mit der Vermittlung der Rechtschreibung des Englischen kritisieren DAST (2003, S. 23) und ZANDER (2002, S. 32-34) allerdings auch ein großes Problem, welches sich häufig in Übungen von Lern-

---

Muttersprachlern denn mit Menschen anderer Nationalitäten mit Englisch als Fremdsprache im Vordergrund steht und stehen wird.

28	DAST erwähnt als Beispiel das *Sticker-Wörterbuch Englisch* (Langenscheidt), welches eine solche intermediäre „Lautschrift" (z.B.: *jacket* = dschäckitt) sowohl in der gleichen Schriftart wie auch -größe direkt neben dem entsprechenden Wort darstellt und legasthene Kinder somit unmittelbar mit zwei verschiedenen Wortbildern konfrontiert.

hilfen und Schulbüchern wiederfinde: die sogenannte Ähnlichkeitshemmung, auch bekannt als Ranschburg'sches Phänomen (DORSCH 1982, S. 548), welches eine effektive Aufnahme der zu lernenden Inhalte dadurch beeinträchtigt, dass sie z.B. ähnliche Laute oder Wörter gleichzeitig trainieren, statt diese jeweils in einer voneinander isolierten Einheit einzeln zu üben. DAST kritisiert, dass viele Lernhilfen dieses Phänomen vernachlässigen und Trainingsformen anbieten, die demnach als ineffektiv einzustufen sind. Zum Training einer exakten Aussprache beim Nachsprechen scheinen solche Übungen zwar geeignet, als Rechtschreibtraining sollten sie aber nicht genutzt werden.

In den Zusammenhang mit Aussprache und Rechtschreibung – aber im eigentlichen Sinne auch der Grammatik – fällt die Verwendung der Kurzformen wie *he's* oder *she'll*, welche IP5 rät zu vermeiden (K4.11). Um das Beispiel aufzugreifen, könnten Legastheniker bei *he's* /hiːz/ unter Umständen keinen lautlichen Unterschied zum Possessivpronomen *his* /hiz/ feststellen. Auch DAST favorisiert eine **Vermeidung der Kurzformen** zum einen aufgrund dieser Verwechslungsgefahr, aber auch, weil die Kurzformen „von allen Schülern als eigenständige Lerngegenstände [Hervorhebung im Original] erlebt" (2003, S. 51) werden, was für einen unnötigen Aufwand und zusätzliche Verwirrung beim Lernen führe.

Im Gegensatz zur Aussprache scheint die **Förderung des Ausdrucks** – insbesondere was Idiomatik angeht – in den unteren Klassenstufen für legasthene Kinder kaum durchführbar, da Ihnen zum einen der Wortschatz meist fehlt bzw. sie zur Bildung eines Satzes nicht schnell genug darauf zurückgreifen können und zum anderen die Ausspracheschulung zunächst den Grundpfeiler im sprachlichen Gebrauch darstellen sollte. Daher kann die Ausdrucksfähigkeit erst in höheren Stufen Thema für Legastheniker sein (K4.10).

4.2.3.2 Förderung der Aussprache und Rechtschreibung mit *English G 21 A1*

Ein konkretes Training von Graphem-Phonem-Korrespondenzen bleibt in *EG21* aus. Wenn *pronunciation* mithilfe von Hörmaterial auf CD geübt wird, sind es meist regelhafte Unterschiede wie z.B. wann man *the* mit [i] und wann mit [ə] spricht (Schwarz 2007, S. 31) oder wann ein -s in der Pluralbildung als [s], [z] oder [ɪz] gesprochen wird. Bei letzterer Übung wird die Schreibweise allerdings visuell anschaulich untermalt durch eine „säuselnde Schlange" (= [s]) oder „summende Bienen" (= [z]) (SCHWARZ 2007, S. 42). Diese kontrastiven Übungen unterstützen damit zwar einige Aussprachebesonderheiten der englischen Sprache, allerdings orientieren sich diese an weitestgehend universellen Regeln, welche dann auch in ähnlichen Umgebungen für alle Wörter gelten. In anderen Bereichen, wo der Zusammenhang nicht so klar ist, sollte dann der Lehrer entsprechende Hilfestellungen leisten oder beispielsweise auch konkret – wie oben verdeutlicht – auf Graphem-Phonem-Korrespondenzen verweisen, Vergleiche zur deutschen Sprache oder auch sprachhistorische Beziehungen aufzeigen. Dies ist letztlich abhängig von der Klasse bzw. den zu fördernden legasthenen Kindern und inwiefern sie welche Herangehensweisen bevorzugen.

4.2.4 Vokabel-/Wortschatzarbeit

4.2.4.1 Allgemeine Vokabel-/Wortschatzarbeit

Das Vokabellernen ist – wenn auch von einigen Lehrern „als weniger anspruchsvolle Aktivität" (WESKAMP 2001, S. 110) angesehen – ein zentraler Bestandteil des Anfangsunterrichts Englisch und bereitet dabei auch legasthenen Kindern häufig große Probleme. Eine beispielsweise von KRASHEN postulierte *Context-Alone*-Hypothese, bei der Kinder sich Vokabeln fast ausschließlich durch extensives Lesen – eine „Technik", die ohnehin schon für Probleme sorgt – aneignen, kann bei legasthenen Kindern daher kaum funktionieren (KRASHEN 1989 in WESKAMP 2001, S. 110).[29] Entsprechend umfassend fallen daher die entsprechenden Hilfestellungen der Experten aus: Sieben der zehn befragten Legasthenieexperten setzen zum Training von Vokabeln und Wortschatz sogenannte **Vokabellernkarten bzw. Vokabellernsysteme** ein (K3.1), welche meist in Karteikastenform mit verschiedenen Fächern zur Wiederholung vorkommen. Allerdings sollte die Arbeit mit diesen Karteien unter bestimmten Voraussetzungen geschehen: Zum einen sollten die Karten nach Möglichkeit mit Schreibmaschine oder Computer erstellt werden und dann – falls vom legasthenen Kind erstellt – unbedingt von einer anderen Person auf Fehler kontrolliert werden. Da die Erstellung solcher Karteikästen relativ viel Zeit in Anspruch nimmt, sollte zunächst nur auf den Grundwortschatz und die wichtigsten zu lernenden Wörter gesetzt werden und diese sollten wiederum möglichst auch mit visueller Unterstützung beispielsweise mit Bildern des zu lernenden Begriffs anstatt der deutschen Schreibweise auf der Karte erscheinen. So könnte man beim Lernen dem legasthenen Kind zumindest einmal das schwierige Lesen auf der einen (der deutschen) Seite abnehmen. Damit das Kind das Wort besser verknüpfen und **in Zusammenhängen lernen** kann, sollten mehrere Wörter in semantischen Wortfeldern oder kleineren Netzwerken mit Synonymen oder kleineren *mindmaps* dargestellt werden (K3.7) – nicht nur auf den Lernkarten, sondern möglichst auch bei der Vorstellung an der Tafel.

Problematisch seien nach IP2 und IP5 Karteikarten allerdings für Legastheniker mit einer hyperkinetischen Problematik. Hier kann entweder keine Ordnung in das System gebracht werden oder Karteikarten fallen beim Lernen herunter, was wiederum zu Lasten der verfügbaren Zeit geht. In dieser Hinsicht muss die Lehrperson differenzieren, ob der Einsatz eines solchen Systems für ein Kind mit hyperkinetischer Symptomatik optimal ist. Eventuell ist in einem solchen Fall doch eher ein Listenlernen mit einer

---

29   „My suspicion is that reading is not simply a way to develop vocabulary, spelling, and other aspects of competence, it is the only way. We have no choice." (KRASHEN 1989 in WESKAMP 2001, S. 110)

begrenzten Anzahl von Vokabeln oder ein Lernen durch wiederholtes Abschreiben (K3.8) zweckmäßig, was ebenfalls eine grundlegende visuelle Erarbeitung des Wortbildes darstellt.

Ein guter Zugang zum Lernen von Wörtern scheint über die visuelle Ebene zu erfolgen (K3.2). Daher sollte im Allgemeinen besonders auf den **Einsatz von Bildern** gesetzt werden – wie beim Karteikastensystem bereits angesprochen – oder auch mit **Wortaufbau-/Wortabbaumethoden** (s. 4.2.2) oder einer **räumlichen Darstellung** der Begriffe. Auch eine spielerische Herangehensweise an das Thema Vokabellernen mithilfe eines Domino- oder Memory-Spiels motiviere die Kinder mehr und präge sich besser ein als ein Lernen der gleichen Zahl von Wörtern über eine Liste (K3.5/SELLIN 2004, S. 116-117). In diesem Zusammenhang scheint auch ein **kinästhetisches Erarbeiten** sinnvoll (K3.3), bei dem die Wörter beispielsweise mit Knete, durch Malen oder durch das Schreiben in Sand erstellt und so „erfühlt" werden. Dies unterstützt dabei natürlich das Lernen mit mehreren Sinnen und erlaubt dem Legastheniker andere Zugänge. Ein Vokabellernen auf auditiver Ebene z.B. durch **Aufnehmen und Abspielen der Vokabeln** von einem Diktiergerät scheint ebenfalls eine gute Möglichkeit zu sein (K3.4), insbesondere dann, wenn das Kind deutlich mehr Verarbeitungsprobleme auf der visuellen Ebene aufweist als auf der auditiven.

Um herauszufinden, welche Vokabellernmethode zum legasthenen Kind passt – sofern dies nicht bereits durch Feststellung von Defiziten in den Teilleistungen durchgeführt wurde – empfiehlt IP3 eine ausführliche **Lerntypentestung**, um dann die geeignete Technik anwenden zu können. In diesem Zusammenhang sollte das Kind dann auch nur – beispielsweise als Hausaufgabe – so viele Vokabeln lernen müssen, wie es effektiv nach seiner Methode schaffen kann, ohne dass dies eine Überforderung darstellt (K3.9). Sofern Vokabeln dann von der Lehrperson im Unterricht in Form von Vokabeltests abgefragt werden, sollte die **Vokabelabfrage** des Legasthenikers grundsätzlich mündlich erfolgen (K3.10), da die Abspeicherung der Vokabeln zwar meist befriedigend erfolgt, der Abruf als korrekt geschriebenes Wort sich dann aber aufgrund der Legasthenie als schwierig gestaltet.

Abgesehen davon, dass man zugunsten einer besseren Speicherung ohnehin auf andere Vokabellerntechniken zurückgreifen sollte als auf das Listenlernen mit dem Buch, ist vor allem der **Aufbau der Vokabellisten vieler Schulbücher** für legasthene Kinder denkbar ungeeignet, da sie dreispaltig zunächst die englische Form (meist mit Lautschrift), dann einen Beispielsatz bzw. andere Hinweise zur Vokabel und dann erst die deutsche Entsprechung liefern. Eine Einbettung in einen Sinnzusammenhang in einem Beispielsatz sieht zwar auch DAST generell als positiv, im gleichen Zusammenhang kritiziert er aber, dass die Einbettung an dieser Stelle im Schulbuch zu früh käme – „nämlich vor der eindeutigen Sicherung der Bedeutung" (2003, S. 48) – und ein effektives Lernen durch den störenden Beispielsatz in der Mitte nicht möglich sei.

4.2.4.2 Vokabel-/Wortschatzarbeit mit *English G 21 A1*

Generell ist das Vokabular in Englischbüchern natürlich dem inhaltlichen Thema der *Unit* gewidmet und demnach gehören die meisten in einem Kapitel behandelten und in Übungen trainierten Verben grob zu einem semantischen Wortfeld. Dies erleichtert als Grundvoraussetzung zunächst bereits das Verknüpfen der Wörter miteinander. In *EG21* sind auch Wörter, die zusammengehören, entweder zusammen in der Liste im Vokabelteil des Buches zusammengefasst oder werden visuell unterstützt in einem separaten Kasten dargestellt.

Im Vokabelabschnitt von *EG21* ist für den legasthenen Schüler vorteilhaft, dass jede einzelne Zeile und damit jeder einzelne neue Begriff durch eine gelbe Zwischenlinie optisch vom nächsten Begriff getrennt wird. Auch die von DAST kritisierten Beispielsätze und Hinweise sind zugunsten einer besseren Zuordnung von englischem und deutschem Begriff in die dritte Spalte gewandert, sodass diese z.B. durch ein Verdecken mit einem Zettel ausgeblendet werden kann.

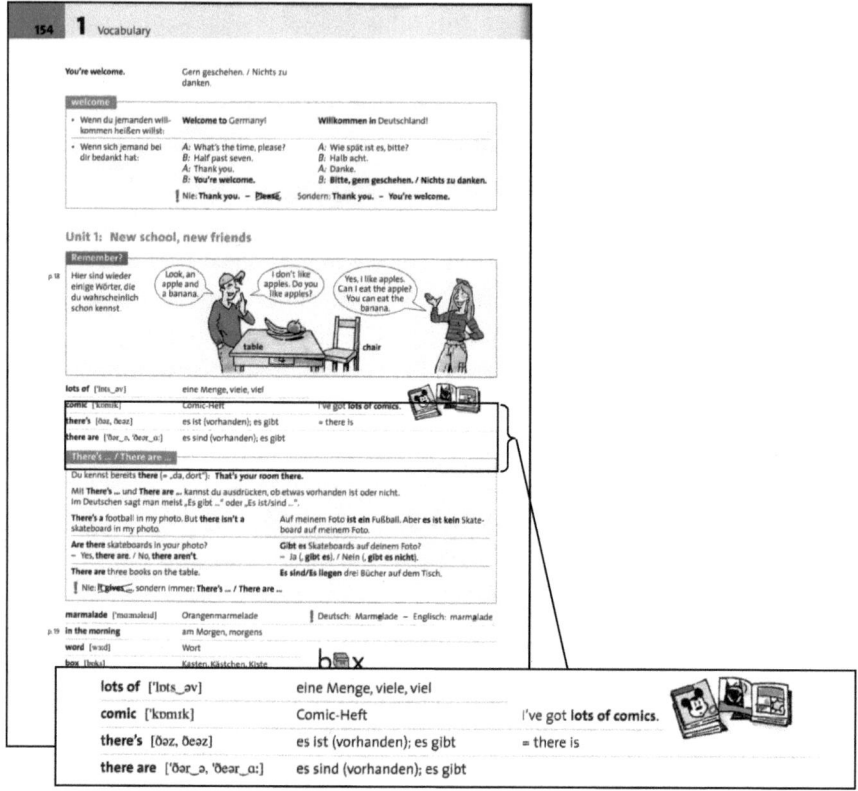

Abb. 5: Abbildung des Vokabelteils

Exemplarische Hervorhebung eines Abschnitts zur Verdeutlichung der Aufteilung
in drei Spalten und Strukturierung durch horizontale Trennlinien (Quelle:
SCHWARZ 2007, S. 154)

Auf Lautschrift wurde nicht verzichtet, allerdings tritt diese hinter der seri-
fenlosen und in Fettdruck dargestellten Schrift der englischen Begriffe
stärker in den Hintergrund. Als störend könnten von Legasthenikern die
Kästen empfunden werden, welche teilweise idiomatische Ausdrücke,
Wortfelder, kurze Grammatikinformationen oder auch Rückblicke auf ge-
lerntes Vokabular der Grundschule enthalten. Diese Kästen unterbrechen

dabei an jenen Stellen die eigentliche Vokabelliste, wo eine Vokabel einer weiteren Erläuterung bedürfen könnte. So wird in Abb. 4 bei den Vokabeln *there's* und *there are* die Liste zugunsten einer Darstellung der Anwendung dieser Konstruktion unterbrochen (SCHWARZ 2007, S. 154). Es sollte überlegt werden, ob eine gebündelte Darstellung dieser Zusatzinformation am Ende einer *Unit* nicht sinnvoller wäre bzw. eine separate Vokabelliste im DIN-A4-Format mit einer großen Schriftart dem legasthenen Kind als Unterstützung dienen könnte – sofern er nicht ohnehin nach einer für ihn angemesseneren Vokabellernmethode arbeitet.

Positiv anzumerken ist bei *EG21* aber, dass es sehr viel Wert auf die Vermittlung von Lerntechniken und Arbeitsmitteln legt. So werden ausführliche Hilfen und Anregungen zum Vokabellernen im sogenannten *Skills File* gegeben – z.B. Lernen mit Karteikartensystemen und *Mindmaps*. Auch Hilfen zum Nachschlagen von Wörtern oder gezielte Übungen, die ein Arbeiten mit Wörterbüchern erfordern, werden in die *Practice*-Abschnitte eingebunden und erfordern und fördern so ein eigenständigeres Fremdsprachenlernen des Schülers.

Die Tatsache, dass ein Großteil des Vokabulars durch das Verschieben des Textes an das Ende der *Unit* bereits durch vorgeschaltete Aktivitäten und Übungen erarbeitet werden kann, begünstigt grundsätzlich den Umgang mit dem eigentlichen Lesetext. Allerdings erfordert es dennoch vom Lehrer im Rahmen der Arbeit mit *EG21* das Vermitteln grundlegender Lerntechniken und eine fortwährende, wiederholende Klärung von Begriffen bzw. Darstellung von Kernbegriffen einer Übung, welche ein globaleres Verständnis und Erreichen eines Übungsziels ansonsten bei Unkenntnis verhindern würden.

4.2.5   Förderung des Hör- und Leseverständnisses

4.2.5.1   Allgemeine Förderung des Hör- und Leseverständnisses

Wie bereits weiter oben erwähnt, sollte das **Hören und akustische Abspeichern** von Wörtern an erster Stelle im Prozess des Fremdsprachenlernens stehen (K5.1). Dies erreicht man durch eine natürlichere Sprachvermittlung im Anfangsunterricht, welche auf Diskussion und Interaktion zwischen Lehrern und Schülern setzt. Diese werden zwar noch stark geleitet durch den Lehrer erfolgen, dennoch dürften sich insbesondere in einem spielerischen Umgang mit Sprache Fortschritte erzielen lassen.

Dadurch, dass die akustische Wahrnehmung defizitär ist, sind legasthene Kinder, wenn es um konkrete Hörverständnisübungen geht, beim Entschlüsseln der Laute und einzelner Wörter, dem sogenannten *bottom-up processing* (DOFF 2007, S. 77), behindert und hier insbesondere beim Abspielen von CDs dadurch, dass sie sich aufgrund des Fehlens eines anwesenden Sprechers nicht unterstützend auf Mundbewegungen beziehen können (SELLIN 2004, S. 75). Eine andere Herangehensweise kann der Ansatz des *top-down processing* (DOFF 2007, S. 78) sein, wobei die Aufmerksamkeit durch ein Verknüpfen des zu Hörenden mit bereits bestehendem (Welt-)Wissen und einem Herstellen von Verständnis aus dem Zusammenhang des Textes erfolgt. Man sollte dann zum einen die Schüler auf den **Inhalt des Textes vorbereiten**, damit sie sich darauf einstellen können (K5.2) z.B. durch Anschreiben von Schlüsselwörtern an der Tafel oder themenbezogene Fragen eines sich entwickelnden Unterrichtsgesprächs – sogenannte *pre-listening activities*. Natürlich sollte die Lehrkraft darüber hinaus die **Hörverständnistexte mehrfach vorspielen** bzw. dem Legastheniker den Text zum Mitlesen vorlegen (K5.3). In entsprechenden Arbeitsblättern zu den Hörverständnisübungen sollte logischerweise – wie oben bereits im Zusammenhang mit Grammatikübungen erwähnt – darauf geachtet werden, den schriftlichen Anteil möglichst gering zu halten (K5.4).

Lesen und Vorlesen im Klassenraum kommt immer wieder vor. Dass der legasthene Schüler dabei Probleme hat, sollte der Lehrer dadurch beachten, ihn **nicht vor der ganzen Klasse vorlesen** zu lassen (K5.7), um zu verhindern, dass der Schüler dabei vorgeführt wird. SELLIN befürwortet allerdings das **Lesen aller Schüler im Chor** als Sprechübung, da viele Kinder das „laute Lesen" nur unzureichend üben und sich somit ein auditives Sprachgedächtnis nicht voll ausbilden kann (SELLIN 2004, S. 72-73).

Da das Lesen in der Fremdsprache ebenfalls einen wichtigen Prozess darstellt, legasthene Schüler allerdings IP5 zufolge zu viel Energie beim Lesen an sich verbrauchen und damit keine Energie mehr in das eigentliche Verständnis des Textes einbringen können, muss die Lehrperson einen **Kompromiss zwischen Inhalt und Textlänge** finden, um Leseverständnis auch bei diesen Schülern fördern zu können (K5.5). Beim Leseverständnis scheint dann zum Training auch eine gleichzeitige akustische Begleitung sinnvoll, damit sich Wortklang und Schriftbild besser kombinieren lassen (K5.6).

Wie beim Aufbau der Schulbücher und der anderen Materialien, sollte bei Lesetexten auf eine ausreichend große Schrift Wert gelegt werden und dem Kind nach Möglichkeit eine **Lesehilfe** wie z.B. eine Karteikarte zur Hand gegeben werden, damit es diese auf den Text legen kann und so nicht die Zeile verliert (SELLIN 2004, S. 74) – ein Problem, welches insbesondere bei Kindern mit einer hyperkinetischen Symptomatik ergeben könnte.

4.2.5.2 Förderung des Hör- und Leseverständnisses mit *English G 21 A1*

SCHWARZ geht davon aus, „dass die [Schüler] kommunikativ aktiver und aufgeschlossener als früher in die Klasse 5 kommen" (2006, S. 7) und begründet darin einen deutlich höheren Anteil an rezeptiven Inhalten im Vergleich zu produktiven Inhalten, d.h. einen Vorzug von auditiven Inhalten gegenüber Schreibfertigkeiten. Als Folge davon kann das Hören als primäre Aufnahme der englischen Sprache im Anfangsunterricht von *EG21*

durch zahlreiche Hörbeispiele auf CD unterstützt werden. Dementsprechend lassen sich z.B. in der *A-Section* der ersten *Unit* acht der 14
Übungen durch Hörmaterial unterstützen bzw. müssen mit der CD obliga-
torisch eingesetzt werden. Die Texte liegen ebenfalls immer auf CD vor
und die Qualität der dargebotenen Stücke ist sehr gut. Die oben angesprochenen Prinzipien z.B. das nötige, wiederholte Vorspielen eines längeren
Stückes, treffen natürlich auf die Arbeit mit *EG21* genau so zu. Die Hörverständnisübungen sind zunächst auch recht einfach aufgebaut mit einer
starken Reduktion des Schreibanteils, sodass zum Beispiel in der folgend
abgebildeten Übung nach dem Vorbereiten der Tabelle im Schulheft beim
eigentlichen Zuhören nur noch ein Haken in der entsprechenden Spalte
gemacht werden muss:

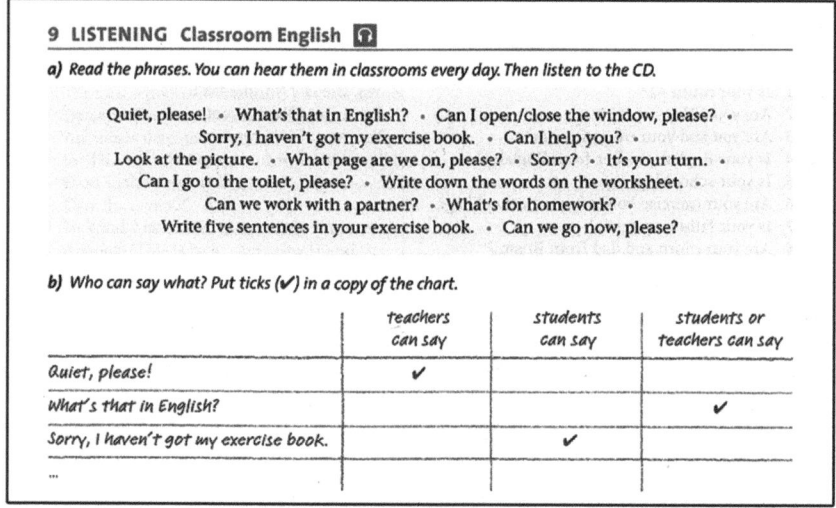

Abb. 6: Beispiel einer Hörverständnisübung
(Quelle: SCHWARZ 2007, S. 28)

Wenn es um eine Kompromissfindung zwischen den beiden Disziplinen
Hören und Lesen kommt, ist im Grunde genommen der Lehrer in seinem
pädagogischen Ermessensspielraum gefordert zu entscheiden, wie stark er

das Hören in seinem Anfangsunterricht gewichtet. Dennoch kann er natürlich bei der Arbeit mit einem Schulbuch einem gewissen Maß an Lesen und Leseverständnis nicht entgehen. Dazu eignen sich Verständnisübungen zu den jeweiligen Texten, in denen z.B. Aussagen zum Text überprüft werden müssen („*Right or Wrong?*"). Aber auch kurze, vom Lehrer vorformulierte und dann vor der ganzen Klasse gestellte Fragen, auf die nur kurze Antworten gegeben werden müssen, machen an einer solchen Stelle Sinn. Grundsätzlich baut *EG21* Leseverstehen kontinuierlich beginnend mit einem geringen Schwierigkeitsgrad auf (SCHWARZ 2006, S. 9), da davon ausgegangen wurde, dass das Leseverständnis bis einschließlich der „Klasse 4 eine eher untergeordnete Rolle" (SCHWARZ 2006, S. 9) gespielt hat.

4.2.6   Zusammenfassung der Untersuchungsergebnisse

In den vorhergehenden Unterkapiteln wurde eine Vielzahl von verschiedenen Items, Ratschlägen, Hinweisen und Methoden auf der Grundlage der durchgeführten Inhaltsanalyse, der Interviews und der vorhandenen Literatur vorgestellt. Die Zielsetzung war herauszufinden, wie legasthene Kinder insbesondere im Englischunterricht unter den dort gestellten Ansprüchen gefördert werden können. Es war die Intention, eine Handreichung für Englischlehrer zu bieten, anhand derer sie solche Fördermöglichkeiten nutzen können. Die übersichtliche Darstellung einzelner, wichtiger Items in Fettdruck und die Aufteilung in Rahmenbedingungen und die vier Bereiche Grammatikvermittlung, Förderung von Aussprache und Rechtschreibung, Vokabel-/Wortschatzarbeit sowie Förderung des Hör- und Leseverständnisses dürfte die Nutzung als Handreichung und Nachschlagewerk unterstützen.

Aus den vorgestellten Rahmenbedingungen und den davon permanent beeinflussten und überlagerten, ebenfalls näher beleuchteten vier Kernprozessen, ergibt sich folgendes Schaubild mit den meines Erachtens nach

wichtigsten Elementen einer Förderung legasthener Schüler im Englischunterricht:

Grammatik vermitteln

· visuell und anschaulich arbeiten
· Reduktion von Schreibanteilen
  in Übungen
· Inhalte häufiger wiederholen

Aussprache und Rechtschreibung

· Graphem-Phonem-Training
· Wortbildgedächtnis-Training
· hohe Sprachanteile im Unterricht

Rahmenbedingungen herstellen

rechtliche, pädagogische und didaktische Möglichkeiten
(speziell Notenschutz/Nachteilsausgleich) ausnutzen

Vokabel-/Wortschatzarbeit

· systematisches Lernen mit
  Vokabelkarteikarten
· multisensorisches Erarbeiten
· Vermitteln von Lerntechniken

Hör- und Leseverständnis

· Einstieg durch Vorgaben
  erleichtern
· Schreibanteile reduzieren
· Kompromiss zwischen Textlänge
  und Inhalt finden

Abb. 7: Die wichtigsten Elemente der Legasthenieförderung im
        Englischunterricht aufgeteilt auf die vier vorgestellten
        Kernprozesse
(Quelle: eigene Darstellung)

Auch die anderen vorgeschlagenen Hinweise und Methoden, die im Rahmen von Kapitel 4.2 vorgestellt wurden, sollten natürlich bestmöglich einbezogen werden.

Sofern die verschiedenen Bereiche mit *EG21* vermittelt werden, ergeben
sich diverse Schwierigkeiten, welche primär auf dessen gestalterische
Elemente zurückzuführen sind. So ist der Grammatikteil relativ unüber-
sichtlich und verlangt von einem legasthenen Kind zunächst eine starke

Abstrahierung der verschiedenen Elemente. Die Grammatikübungen sind – wie oben dargestellt – teilweise zwar einfach und übersichtlich gestaltet, jedoch wird dies nicht durchgehend eingehalten und führt an anderen Stellen zu überladen wirkenden Übungsabschnitten. Eine Vereinfachung der Übungen durch die Lehrkraft oder ein Heranziehen von anderem Übungsmaterial wäre daher an dieser Stelle angebracht. Eine Ausspracheschulung und Förderung der Rechtschreibung im Sinne eines komplexen Graphem-Phonem-Korrespondenztrainings scheint mit *EG21* nicht möglich und – zumindest aufgrund der nur vereinzelt auftretenden Übungen – nicht als ganzheitlicher Trainingsansatz und muss daher ebenfalls mit Fremdmaterial unterstützt werden.[30] Zur Vermittlung des Wortschatzes sollte der Lehrer diverse Vokabellernmethoden im Unterricht behandeln, wobei *EG21* hier ebenfalls Anregungen bietet. Der Vokabelteil des Buches erscheint dabei zwar zunächst übersichtlich, offenbart aber ebenfalls durch in die Liste eingestreuten Zusatzinformationen strukturelle Schwächen. Zuletzt bietet *EG21* einen hohen Anteil an Hörverständnisübungen, welches für den natürlichen Fremdsprachenlernansatz sehr zu begrüßen ist. Allerdings muss hier der Lehrer auch den Mut besitzen, diese Übungen konsequent zu nutzen und den Schülern damit auch über den auditiven Kanal – im Gegensatz zum für legasthene Kinder problematischeren Leseverständnis – Inhalte und Verständnis vermitteln zu können.

Zusammenfassend lässt sich also feststellen, dass *EG21* durchaus in mancher Hinsicht für legasthene Lerner ein hilfreicheres Buch darstellt als frühere Schulbuchausgaben. Allerdings wird eine klare Strukturierung nicht in allen Bereichen mit letzter Konsequenz eingehalten, sodass an den ent-

---

30 Da bisher kein evaluiertes Programm in dieser Richtung vorliegt, sollte die Entwicklung und Evaluierung eines konkreten Graphem-Phonem-Korrespondenztrainings für deutsche Lerner der englischen Sprache eine Anregung für die zukünftige Forschung sein. Lediglich die Wirksamkeit der weiter oben besprochenen Trainingsprogramme wie das *Marburger Rechtschreibtraining* (SCHULTE-KÖRNE/MATHWIG 2001) wurden evaluiert, erscheinen aber vor dem Hintergrund der abweichenden Graphem-Phonem-Korrespondenzen des Englischen als nicht ausreichend.

sprechenden Stellen der Lehrer gefragt ist, dem legasthenen Kind als Zu-
satzmaterial z.B. eine „abgespeckte" und vergrößerte Kopie der Übungs-
seite zur Verfügung zu stellen. Die jeweils allgemein dargestellten Hinweise zu den Kernprozessen kommen dabei natürlich einer zusätzlichen
Unterstützung des Legasthenikers zugute – auch über die Inhalte des
Schulbuchs hinaus.

5   Fazit und Ausblick

Legasthenie ist ein vielschichtiges Problem. Es äußert sich nicht nur in der Verarbeitung von visuellen und auditiven Informationen, sondern auch auf der psychosozialen Ebene insbesondere in der Schule, wenn ein legasthenes Kind mit den Kulturtechniken Lesen und Schreiben konfrontiert wird. Daher ist eine Zusammenarbeit von betroffenem Kind, Eltern, Lehrer und – je nach Schwere der Legasthenie – Psychologen und Medizinern für eine bestmögliche Förderung unabdingbar. Speziell im Englischunterricht ergeben sich aufgrund abweichender Rechtschreibung und Aussprache große Schwierigkeiten für diese Kinder, welche daher einer speziellen Förderung bedürfen. An dieser Stelle ist eine gute Ausbildung der Lehrkraft vonnöten. Leider zeigt sich durch die durchgeführten Interviews und die Recherchen zu dieser Arbeit, dass sich viele Kommilitonen und auch Lehrerkollegen, die bereits längere Jahre im Beruf sind, dieses Problems nicht hinreichend bewusst sind bzw. nur oberflächliches Wissen über Symptome und mögliche Hilfestellungen für legasthene Kinder verfügen. Verpflichtende Fortbildungen und Seminare, die beispielsweise auch die in diesem Zusammenhang wichtigen Themen wie ADS/ADHS thematisieren und bereits im Studium vorkommen müssten, könnten diesem Mangel an Fachkenntnis schnell und unproblematisch ein Ende bereiten.

Aus diesem Grund wurde in dieser Arbeit nicht nur das Problemfeld Legasthenie inklusive seiner Ursachen, seiner Diagnostik und seiner möglichen Therapien dargestellt, sondern es sind auch die Meinungen von erfahrenen Experten, insbesondere in Bezug auf den Fremdsprachenunterricht Englisch eingeflossen, in der Hoffnung, dass diese Arbeit manchen Lehrern als sinnvolle Hilfestellung dienen und Anregungen für den eigenen Unterricht liefern kann. Darüber hinaus wurden diese Anregungen auf den Schulbuchunterricht mit *English G 21 A1* bezogen und auf die vorher aufgestellten Kriterien zur Förderung legasthener Englischlerner angewendet. Es stellte sich heraus, dass die Arbeit mit *EG21* zwar in einigen Bereichen im Vergleich zu früheren Schulbüchern Verbesserungen beinhaltet, aber dennoch an vielen Stellen aufgrund von gestalterischen Mitteln und dem

Anspruch einer gewissen optischen Attraktivität legasthene Englischlerner vor gewisse Schwierigkeiten stellt. Es ist folglich eine entsprechende Unterstützung von Seiten der Lehrperson nötig, um dem betroffenen Kind den Einstieg und die Arbeit mit dem Schulbuch und der englischen Sprache zu erleichtern. Wie dies effektiv geschehen kann, wurde in Kapitel 4 dargestellt und stellt sich natürlich jeden Tag aufs Neue als Herausforderung an die Lehrkraft und dessen methodisch-didaktische Fähigkeiten.

Eine Frage bleibt abschließend noch zu beantworten: Wie effektiv kann eine Legastheni=förderung im Rahmen des Englischunterrichts sein? Die Interviewpartner waren sich einig, dass unser Schulsystem in der heute existierenden Form nicht dafür ausgelegt ist, legasthene Kinder in einer Klasse mit im Schnitt mindestens 25 Schülern optimal zu fördern. Das ist zum einen der Grund, warum private Nachhilfeanbieter und Legasthenie-trainer immer noch einen starken Zuwachs verzeichnen, zum anderen macht es deutlich, dass die Schule dringend eine gezielte und qualitativ hochwertige Förderung anbieten muss – unabhängig von, aber ergänzend zum eigentlichen Unterricht (K6.2). Dabei scheinen folgende Kriterien grundlegend wichtig für eine Legasthenikerförderung in der Schule zu sein:

1. Eine Legastheni=förderung muss von einer ausgebildeten Lehrperson geleitet und durchgeführt werden, um der speziellen Symptomatik legasthener Schüler gerecht zu werden.

2. Eine Legastheni=förderung muss in allen Schulformen und allen Klassenstufen geschehen und dabei Bezug auf alle kritischen Fächer (Deutsch, Mathematik, Fremdsprachen) nehmen.

3. Eine Legastheni=förderung sollte in möglichst kleinen Gruppen – am besten in Einzel- oder Zweierunterricht (K6.1) – erfolgen, um die Kinder möglichst effektiv fördern zu können.

4. Eine Legastheni=förderung darf keine allzu starke Belastung für den betroffenen Schüler darstellen, d.h. sie sollte entweder parallel zum

Unterricht oder in einem angemessenen Zeitrahmen am Nachmittag geschehen.

5. Eine Legasthenieförderung sollte auf eine Vielzahl verschiedener Arbeitsmittel, Medien, Methoden[31] und Hilfen zurückgreifen können.

Wären diese Bedingungen einer Legasthenikerförderung erfüllt, könnte ein Fachlehrer in Englisch auch bei der Arbeit mit Legasthenikern in der Klasse verstärkt auf inhaltliche Aspekte eingehen und dem Lehrplan gerecht werden mit der Sicherheit darüber, dass dem betroffenem Kind außerhalb seines Unterrichts eine qualifizierte Förderung geboten wird.[32] Eine Entlastung aller Seiten wäre damit gesichert. Die in den letzten Monaten angeregten Diskussionen über Neuerungen des deutschen Schulsystems[33] und

---

31 Die Vorstellung einiger sogenannter „alternativer Therapiemethoden" in 2.5.2 hat gezeigt, dass viele Methoden wissenschaftlich noch nicht ausreichend gestützt werden oder überhaupt bedenkenswert sind (K6.5). Allerdings zeigte sich in den Interviews, dass mindestens vier Interviewpartner Methoden wie *BrainGym* in ihrer Therapie offenbar erfolgreich einsetzen (K6.6). Auch wenn eine Bestätigung durch die Wissenschaft bisher ausbleibt, scheint es folglich dennoch angebracht, als Pädagoge, der sich mit Legasthenie beschäftigt, offen zu sein für alternative Methoden, diese aber auch ständig durchaus kritisch zu hinterfragen. Offenbar können sie als Bausteine einer größer angelegten Legasthenieförderung insbesondere die Psyche eines betroffenen Kindes stärken. In diesem Zusammenhang entgegnet IP5 auf die Aussage, dass basales Wahrnehmungstraining bei Legasthenikern nichts bringe: „Doch, das bringt was. Ich seh's doch an Kindern. … Und wenn es wirklich nur rein psychologische Dinge sind, die sich dadurch verbessern, … hab ich doch auch schon was gewonnen." (IP5.Z206-217; K6.4)

32 Auch eine Kombination von schulischer und externer Förderung erscheint sinnvoll für die Experten (K6.3), allerdings wäre dann hierbei eine Bedingung nicht erfüllt, nämlich dass die Förderung für alle zugänglich und damit kostenlos sein sollte. Sofern also beispielsweise sozial schwächeren Familien für die außerschulische Legasthenie-Intervention keine staatliche Förderung ermöglicht wird, werden diese immer gezwungen sein, auf die schulischen Möglichkeiten – sofern denn vorhanden – zurückzugreifen.

33 So hat Pisa zuletzt im Dezember 2007 erst wieder festgestellt, dass „[in] Deutschland und Japan … mehr als die Hälfte der Varianz der Schülerleistungen

die schulische Förderung sind daher zu begrüßen und werden hoffentlich in naher Zukunft umgesetzt werden, um nicht nur legasthene, sondern auch anderweitig benachteiligte Kinder besser in den Schulalltag integrieren zu können. Denn von einem einfacheren, gleicheren und für Schwächere besser zugänglichen System profitieren nicht nur die Betroffenen, sondern alle Schüler gleichermaßen.

---

auf Unterschiede zwischen den Schulen [zurückgeht], in Deutschland hauptsächlich infolge des gegliederten Schulsystems." (OECD 2007, S. 39)

6   Literatur

AHRENS, RÜDIGER/BALD, WOLF-DIETRICH/HÜLLEN, WERNER (Hrsg.) (1995). *Handbuch Englisch als Fremdsprache (HEF)*. Berlin: Erich Schmidt.

BACH, GERHARD/TIMM, JOHANNES-PETER (Hrsg.) (2003). *Englischunterricht*. Tübingen/Basel: A. Francke.

BADDELEY, ALAN (1986). *Working memory*. Oxford: Clarendon.

BAUER, ANNETTE (1986). *Minimale cerebrale Dysfunktion und/oder Hyperaktivität im Kindesalter*. Berlin et al.: Springer.

BAUSCH, KARL-RICHARD/CHRIST, HERBERT/KRUMM, HANS-JÜRGEN (Hrsg.) (2003). *Handbuch Fremdsprachenunterricht*. Tübingen/Basel: A. Francke.

BERWANGER, DAGMAR (2003). Ordnungsschwellentraining. In: SUCHODOLETZ, WALDEMAR VON (Hrsg.) (2003). *Therapie der Lese-Rechtschreib-Störung (LRS): Traditionelle und alternative Behandlungsmethoden im Überblick*. Stuttgart: Kohlhammer. S. 129-160.

BREZING, HERMANN (2002). Fremdsprachen lernen: Unbelasteter Neubeginn oder altvertraute Schwierigkeiten. In: SCHULTE-KÖRNE, GERD (Hrsg.) (2002). *Legasthenie: Zum aktuellen Stand der Ursachenforschung, der diagnostischen Methoden und der Förderkonzepte*. Bochum: Dr. Dieter Winkler. S. 191-200.

DAST, HELMUT (2003). *Das unnötige Versagen in Englisch*. Böblingen: Institut für schriftsprachliche Pädagogik.

DEIMEL, WOLFGANG (2002). Diagnostik der Lese-Rechtschreibstörung. In: SCHULTE-KÖRNE, GERD (Hrsg.) (2002). *Legasthenie: Zum aktuellen Stand der Ursachenforschung, der diagnostischen Methoden und der Förderkonzepte.* Bochum: Dr. Dieter Winkler. S. 115-129.

DOFF, SABINE/KLIPPEL, FRIEDERIKE (2007). *Englischdidaktik. Praxishandbuch für die Sekundarstufe I und II.* Berlin: Cornelsen.

DORSCH, FRIEDRICH (Hrsg.) (1982). *Psychologisches Wörterbuch.* Bern/ Stuttgart/Wien: Huber.

DRÜE, GERHILD (2007). *ADHS kontrovers. Betroffene Familien im Blickfeld von Fachwelt und Öffentlichkeit.* Stuttgart: Kohlhammer.

ETTRICH, CHRISTINE/ETTRICH, KLAUS UDO (2006). *Verhaltensauffällige Kinder und Jugendliche.* Heidelberg: Springer.

FARMER, M.E./KLEIN, R.M. (1995). The evidence for a temporal processing deficit linked to dyslexia. In: A review. Psychonomic Bulletin and Review, 2(4). S. 460-493.

FIELD, JOHN (2004). *Psycholinguistics: The Key Concepts.* London/New York: Routledge.

FREINET, CÉLESTINE/JÖRG, HANS (Hrsg.) (1981). *Praxis der Freinet-Pädagogik: Übersetzung und Bearbeitung des Buches von Célestin Freinet „Les techniques Freinet de l'école moderne".* Paderborn/München/Wien/ Zürich: Schöningh.

GATHERCOLE, SUSAN E./BADDELEY, ALAN D. (1993). *Working Memory and Language.* Hove: Lawrence Erlbaum.

GJESSING, HANS-JÖRGEN/KARLSEN, BJORN (Hrsg.) (1989). *A Longitudinal Study of Dyslexia: Bergen's Multivariate Study of Children's Learning Disabilities.* New York: Springer.

GLÄSER, JOCHEN/LAUDEL, GRIT (2006). *Experteninterviews und qualitative Inhaltsanalyse als Instrumente recherchierender Untersuchungen.* Wiesbaden: VS Verlag für Sozialwissenschaften.

GRAF, EVI (1994). *Lese-Rechtschreib-Schwäche: ein prozessanalytischer Ansatz.* Bern et al.: Lang.

GRAICHEN, JOHANNES (1979). Zum Begriff der Teilleistungsstörungen. In: LEMPP, REINHART (Hrsg.). *Teilleistungsstörungen im Kindesalter.* Bern/Stuttgart/Wien: Huber. S. 43-62.

GRAMLEY, STEPHAN/PÄTZOLD, KURT-MICHAEL (2004). *A Survey of Modern English – Second Edition.* London/New York: Routledge.

HANSEN, KLAUS (1995). Aussprache und Rechtschreibung. In: AHRENS, RÜDIGER/BALD, WOLF-DIETRICH/HÜLLEN, WERNER (Hrsg.) (1995). *Handbuch Englisch als Fremdsprache (HEF).* Berlin: Erich Schmidt. S. 73-76.

HEINEMANN, EVELYN/HOPF, HANS (2006). *AD(H)S. Symptome – Psychodynamik – Fallbeispiele – psychoanalytische Theorie und Therapie.* Stuttgart: Kohlhammer.

HENRICI, GERT/RIEMER, CLAUDIA (2003). Zweitsprachenerwerbsforschung. In: BAUSCH, KARL-RICHARD; CHRIST, HERBERT; KRUMM, HANS-JÜRGEN (Hrsg.) (2003). *Handbuch Fremdsprachenunterricht.* Tübingen/Basel: A. Francke. S. 38-43.

HESSISCHES KULTUSMINISTERIUM (Hrsg.) (1995). Rahmenplan Grundschule. URL: http://grundschule.bildung.hessen.de/Rahmenplan/ Rahmenplan.pdf (abgerufen am 22.12.2007).

HESSISCHES KULTUSMINISTERIUM (Hrsg.) (2006). Verordnung über die Förderung von Schülerinnen und Schülern mit besonderen Schwierigkeiten beim Lesen, Rechtschreiben oder Rechnen. URL: http:// sonderpaedagogik.bildung.hessen.de/VOLRR2006.pdf (abgerufen am 01.11.2007).

HESSISCHES KULTUSMINISTERIUM (Hrsg.) (2007). *Schwierigkeiten beim Lesen, Rechtschreiben oder Rechnen. Handreichung zur Umsetzung der Verordnung VOLRR vom 18.05.2006.* Wiesbaden: Hessisches Kultusministerium.

HESSISCHES KULTUSMINISTERIUM (Hrsg.) (2007). Hessische Kultusministerin Karin Wolff verlangt von Kultusministerkonferenz mehr Flexibilität bei der Stundenzahl von G8 (Pressemitteilung). *URL:* http://www.kultusministerium.hessen.de/irj/hessen_Internet?rid=HStK_15/ hessen_Internet/nav/dea/dea5072f-a961-6401-e76c-d1505eb31b65,141704 76-4b93-c611-aeb6-df144e9169fc,,,11111111-2222-3333-4444-10000000 5004%26_ic_uCon_zentral=14170476-4b93-c611-aeb6-df144e9169fc%26 overview=true.htm&uid=dea5072f-a961-6401-e76c-d1505eb31b65 (abgerufen am 23.12.2007).

JANSEN, HEINER ET AL. (1999). *Das Bielefelder Screening zur Früherkennung von Lese-Rechtschreibschwierigkeiten (BISC).* Göttingen: Hogrefe.

KLICPERA, CHRISTIAN/GASTEIGER-KLICPERA, BARBARA (1998). *Psychologie der Lese- und Schreibschwierigkeiten. Entwicklung, Ursachen, Förderung.* Weinheim: Beltz.

KNAPP, KARLFRIED (2003). Englisch. In: BAUSCH, KARL-RICHARD/ CHRIST, HERBERT/KRUMM, HANS-JÜRGEN (HRSG.) (2003). *Handbuch Fremdsprachenunterricht.* Tübingen/Basel: A. Francke. S. 529-533.

KÖNIG, ECKHARD/ZEDLER, PETER (1998). *Theorien der Erziehungswissenschaft: Einführung in Grundlagen, Methoden und praktische Konsequenzen.* Weinheim: Deutscher Studien Verlag.

KOPP-DULLER, ASTRID (2003). *Legasthenie und LRS. Der praktische Ratgeber für Eltern.* Freiburg im Breisgau/Basel/Wien: Herder.

KRIJGSMAN, ARJAN (o.J.). *Fremdsprachenlegasthenie in der Sekundarstufe I: English is weri difficold for my.* Kaarst: Landesverband Legasthenie NRW e.V.

LEMPP, REINHART (Hrsg.). *Teilleistungsstörungen im Kindesalter.* Bern/ Stuttgart/Wien: Huber.

MANN, CHRISTINE/OBERLÄNDER, HILKE/SCHEID, CORNELIA (2001). *LRS. Legasthenie. Prävention und Therapie. Ein Handbuch.* Weinheim/Basel: Beltz.

MATTHYS-EGLE, MARKUS (1996). *Diagnose „Legasthenie": Konzepte systemischer Beratung in der Schulpsychologie als Alternative zur Praxis der Symptomkonstruktion.* Bern: Lang.

MAYER, NIKOLA (2003). Wo Fremdsprachenlernen beginnt: Grundlage und Arbeitsformen des Englischunterrichts in der Primarstufe. In: BACH, GERHARD/TIMM, JOHANNES-PETER (Hrsg.) (2003). *Englischunterricht.* Tübingen/Basel: A. Francke. S. 56-81.

MAYRING, PHILIPP (2003). *Qualitative Inhaltsanalyse. Grundlagen und Techniken.* Weinheim/Basel: Beltz.

MONTESSORI, MARIA (1992). *Kinder sind anders.* München: dtv/Klett-Cotta.

OECD (Hrsg.) (2007). PISA 2006: Naturwissenschaftliche Kompetenzen für die Welt von morgen. Kurzzusammenfassung. URL: http://www.oecd. org/dataoecd/18/35/39715718.pdf (abgerufen am 10.12.2007).

ORTEGA, LOURDES (2007). Second Language Learning Explained? SLA Across Nine Contemporary Theories. In: VANPATTEN, BILL/WILLIAMS, JESSICA (Hrsg.) (2007). *Theories in Second Language Acquisition: An Introduction.* Mahwah et al.: Lawrence Erlbaum. S. 225-250.

PETERMANN, FRANZ (Hrsg.) (2002). *Lehrbuch der Klinischen Kinderpsychologie und -psychotherapie.* Göttingen et al.: Hogrefe.

RADACH, RALPH/HELLER, DIETER/HUESTEGGE, LYNN (2002). Blickbewegungen beim Lesen: Neueste Entwicklungen und Ansatzpunkte für die Legasthenieforschung. In: SCHULTE-KÖRNE, GERD (Hrsg.) (2002). *Legasthenie: Zum aktuellen Stand der Ursachenforschung, der diagnostischen Methoden und der Förderkonzepte.* Bochum: Dr. Dieter Winkler. S. 61-87.

RANSCHBURG, PAUL (1916). *Die Leseschwäche (Legasthenie) und Rechtschreibschwäche (Arithmasthenie) der Schulkinder im Lichte des Experiments.* Berlin: Springer.

REMSCHMIDT, HELMUT (Hrsg.) (1987). *Kinder- und Jugendpsychiatrie: eine praktische Einführung.* Stuttgart: Thieme.

REUTER-LIEHR, CAROLA (2001). *Lautgetreue Lese-Rechtschreibförderung.* Bochum: Winkler.

SASS, HENNING/WITTCHEN, HANS-ULRICH/ZAUDIG, MICHAEL/HOUBEN, ISABEL (Dt. Bearb.) (1998). *Diagnostische Kriterien des Diagnostischen und Statistischen Manuals Psychischer Störungen DSM-IV.* Göttingen et al.: Hogrefe.

SAVILLE-TROIKE, MURIEL (2007). *Introducing Second Language Acquisition.* Cambridge et al.: Cambridge University Press.

SCHEERER-NEUMANN, GERHEID (2002). Lese-Rechtschreib-Schwäche: Wo stehen wir heute? In: THOMÉ, GÜNTHER (Hrsg.) (2004). *Lese-Rechtschreib-Schwierigkeiten (LRS) und Legasthenie. Eine grundlegende Einführung.* Weinheim/Basel: Beltz. S. 22-39.

SCHNEIDER, WOLFGANG/KÜSPERT, PETRA (2003). Frühe Prävention der Lese-Rechtschreib-Störungen. In: SUCHODOLETZ, WALDEMAR VON (Hrsg.) (2003). *Therapie der Lese-Rechtschreib-Störung (LRS): Traditionelle und alternative Behandlungsmethoden im Überblick.* Stuttgart: Kohlhammer. S. 108-128.

SCHULTE-KÖRNE, GERD (1990). Aufmerksamkeitsstörung und Legasthenie: Eine experimentelle Untersuchung zur selektiven visuellen Aufmerksamkeit und zur visuellen Daueraufmerksamkeit bei Jungen mit einer umschriebenen Lese-Rechtschreibschwäche. Philipps-Universität Marburg: Dissertation.

SCHULTE-KÖRNE, GERD (2001). *Lese-Rechtschreibstörung und Sprachwahrnehmung: psychometrische und neurophysiologische Untersuchungen zur Legasthenie.* Münster: Waxmann.

SCHULTE-KÖRNE, GERD (Hrsg.) (2002). *Legasthenie: Zum aktuellen Stand der Ursachenforschung, der diagnostischen Methoden und der Förderkonzepte.* Bochum: Dr. Dieter Winkler.

SCHULTE-KÖRNE, GERD (2002). Neurobiologie und Genetik der Lese-Rechtschreibstörung (Legasthenie). In: SCHULTE-KÖRNE, GERD (Hrsg.) (2002). *Legasthenie: Zum aktuellen Stand der Ursachenforschung, der diagnostischen Methoden und der Förderkonzepte.* Bochum: Dr. Dieter Winkler. S. 13-42.

SCHULTE-KÖRNE, GERD (2003). Legasthenie – Symptomatik, Diagnostik, Ursachen, Verlauf und Behandlung. In: Deutsches Ärzteblatt, 100(7), S. A396-A406.

SCHULTE-KÖRNE, GERD (2003). Lerntheoretisch begründetes Training des Lesens und Schreibens. In: SUCHODOLETZ, WALDEMAR VON (Hrsg.) (2003). *Therapie der Lese-Rechtschreib-Störung (LRS): Traditionelle und alternative Behandlungsmethoden im Überblick.* Stuttgart: Kohlhammer. S. 31-54.

SCHULTE-KÖRNE, GERD (2004). Lese-Rechtschreib-Störung: Symptomatik, Diagnostik, Verlauf, Ursachen und Förderung. In: THOMÉ, GÜNTHER (Hrsg.) (2004). *Lese-Rechtschreib-Schwierigkeiten (LRS) und Legasthenie. Eine grundlegende Einführung.* Weinheim/Basel: Beltz. S. 64-85.

SCHULTE-KÖRNE, GERD/MATHWIG, FRANK (2001). *Das Marburger Rechtschreibtraining: ein regelgeleitetes Förderprogramm für rechtschreibschwache Kinder.* Bochum: Winkler.

SCHUMACHER, JOHANNES ET AL. (2005). Strong Genetic Evidence of DCDC2 as a Susceptibility Gene for Dyslexia. In: The American Journal of Human Genetics, 78, S. 52-62.

SCHWARZ, HELLMUT (Hrsg.) (2006). *English G 21. Band A1. Handreichungen für den Unterricht.* Berlin: Cornelsen.

SCHWARZ, HELLMUT (Hrsg.) (2007). *English G 21. Band A1 für Gymnasien.* Berlin: Cornelsen.

SELLIN, KATRIN (2004). *Wenn Kinder mit Legasthenie Fremdsprachen lernen.* München: Ernst Reinhardt.

SOLHEIM, R. (1989). Socioemotional Characteristics. In: GJESSING, HANS-JÖRGEN/KARLSEN, BJORN (Hrsg.) (1989). *A Longitudinal Study of Dyslexia: Bergen's Multivariate Study of Children's Learning Disabilities.* New York: Springer. S. 36-58.

SPARKS, RICHARD L./MILLER, KAREN S. (2000). Teaching a Foreign Language Using Multisensory Structured Language Techniques to At-Risk Learners: A Review. In: Dyslexia, 6, S. 124-132.

SUCHODOLETZ, WALDEMAR VON (Hrsg.) (2003). *Therapie der Lese-Rechtschreib-Störung (LRS): Traditionelle und alternative Behandlungsmethoden im Überblick.* Stuttgart: Kohlhammer.

SUCHODOLETZ, WALDERMAR VON (2003). Alternative Therapieangebote im Überblick. In: SUCHODOLETZ, WALDEMAR VON (Hrsg.) (2003). *Therapie der Lese-Rechtschreib-Störung (LRS): Traditionelle und alternative Behandlungsmethoden im Überblick.* Stuttgart: Kohlhammer. S. 161-256.

THOMÉ, GÜNTHER (Hrsg.) (2004). *Lese-Rechtschreib-Schwierigkeiten (LRS) und Legasthenie. Eine grundlegende Einführung.* Weinheim/Basel: Beltz.

THOMÉ, GÜNTHER (2004). LRS/Legasthenie und die Notwendigkeit interdisziplinärer Arbeit. In: THOMÉ, GÜNTHER (Hrsg.) (2004). *Lese-Rechtschreib-Schwierigkeiten (LRS) und Legasthenie. Eine grundlegende Einführung.* Weinheim/Basel: Beltz. S. 13-20.

VAN PATTEN, BILL/WILLIAMS, JESSICA (Hrsg.) (2007). *Theories in Second Language Acquisition: An Introduction.* Mahwah et al.: Lawrence Erlbaum.

WALTER, JÜRGEN (1996). *Förderung bei Lese- und Rechtschreibschwäche: Grundlagenforschung, methodische Konsequenzen, Praxisbeispiele und mediendidaktische Anregungen auf der Basis empirischer Forschungsmethoden.* Göttingen et al.: Hogrefe.

WARNKE, ANDREAS/ROTH, ELLEN (2002). Umschriebene Lese-Rechtschreibstörung. In: PETERMANN, FRANZ (Hrsg.) (2002). *Lehrbuch der Klinischen Kinderpsychologie und -psychotherapie.* Göttingen et al.: Hogrefe. S. 453-476.

WESKAMP, RALF (2001). *Fachdidaktik: Grundlagen & Konzepte.* studium kompakt, Anglistik · Amerikanistik. Berlin: Cornelsen.

WORLD HEALTH ORGANIZATION (Hrsg.) (2007). International Statistical Classification of Diseases and Related Health Problems. 10th Revision, Version for 2007. URL: http://www.who.int/classifications/apps/icd/icd10online/ (abgerufen am 30.10.2007).

WIRTH, GÜNTHER (2000). *Sprachstörungen, Sprechstörungen, Kindliche Hörstörungen. Lehrbuch für Ärzte, Logopäden und Sprachheilpädagogen.* Köln: Deutscher Ärzte-Verlag.

WOLF, MARYANNE/BOWERS, P. GREIG (2000). Naming-speed processes and developmental reading disabilities: An introduction to the special issue on the double-deficit hypothesis. In: Journal of Learning Disabilities, 33, S. 322-324.

ZANDER, GISELA (2002). *Was ist LRS-Förderung im Englischunterricht.* Mühlheim an der Ruhr: Verlag an der Ruhr.

7 Abbildungsverzeichnis

Anhang A: Interview-Leitfaden

Leitfrage/Untersuchungsziel: Welche Förder- und Interventionsmöglichkeiten gibt es für legasthene/lese-rechtschreib-schwache Kinder beim Lernen von Englisch als Zweitsprache allgemein und speziell im Schulunterricht?

1. Welche Probleme äußern sich bei legasthenen Kindern, die Englisch lernen möchten?*

2. Wie gehen Sie in den Kernbereichen des Fremdsprachenunterrichts allgemein vor, wenn Sie legasthene Kinder in der Fremdsprache Englisch fördern? (Kernbereiche: Grammatikvermittlung, Förderung von Hör-/Leseverstehen, Vokabellernen/Wortschatzvermittlung, Rechtschreibung/Aussprache/Ausdruck)

3. Welche Methoden/Interventionsmöglichkeiten wenden Sie konkret an?

4. Wie stehen Sie zu alternativen Therapiemethoden wie NLP, Edu-Kinestetik etc.?*

5. Sollte die Förderung auf die Schule konzentriert sein oder extern geschehen?

* Diese Fragen sind entweder optional oder je nach Profession des Interview-Partners zu stellen.

Anhang B: Zusammenfassende Inhaltsanalyse

Informationen zur Vorgehensweise und Handhabung

In Anlehnung an die zusammenfassende, qualitative Inhaltsanalyse nach Mayring (1997) und die Ansätze der Methode „Experteninterview" von Gläser und Laudel (2004) wird nachfolgend das Kategorienraster dargelegt, welches als Reduktion des gesamten durch die Interviews erzielten Material-Corpus zu verstehen ist. Auf dieses Kategorienraster wird analysierend in Kapitel 4 zurückgegriffen.

Die erste Reduktion der einzelnen Interviews wurde bereits durchgeführt. Dementsprechend wurde die Grundaussage K' genannt, da diese an sich bereits eine Kategorie des Inhalts darstellt, dann aber entweder einzeln oder zusammengefasst mit anderen K' generalisiert und zur Kategorie K reduziert, analysiert und interpretiert wurde. Oft war bereits K' eine Kategorie K und ließ sich somit nicht weiter reduzieren, da z.B. die Grundaussage bereits bestand bzw. weitere ähnliche gegeneinander subtrahierbare Aussagen nicht vorhanden waren.

Insgesamt ergab sich so ein inhaltlich stimmiges Abbild des weiter unten transkribierten Interviewmaterials, auf das im Hauptteil der Arbeit zurückgegriffen werden konnte. Das Raster wurde überordnend in die Bereiche der in Kapitel 4 diskutierten Disziplinen des Fremdsprachenunterrichts eingeteilt und darüber hinaus in den Bereich „Sonstiges", auf welchen insbesondere in der abschließenden Schlussdiskussion eingegangen werden sollte.

Anhang C: Kategorienraster der Inhaltsanalyse

Grundaussage K'	Generalisierung	Reduktion → Kategorie K
Rahmenbedingungen (Bereich K1)		
Rechtliche Möglichkeiten wie Nachteilserlasse ausschöpfen (IP3.Z294, IP7.Z140, IP9.Z81-83)	Nachteilsausgleich rechtlich ausschöpfen	**K1.1** Nachteilsausgleich muss von Lehrkraft weitesgehend in allen Möglichkeiten wie Benotung und Arbeitszeit für den Legastheniker zur Verfügung stehen, darf das Kind aber gleichzeitig nicht dazu ermutigen, sich darauf auszuruhen
Legastheniker brauchen mehr Zeit beim Bearbeiten von Aufgaben, Klassenarbeiten (IP5.Z60-61, IP7.Z156-157)	Nachteilsausgleich muss auch mehr Arbeitszeit für legasthene Schüler bieten	
Mündliche und schriftliche Leistung legasthener Kinder im Verhältnis 60:40 werten (IP8.Z35-36)	Rechtlicher Ermessensspielraum bei Benotungen nötig	
Legasthene Kinder dürfen sich nicht hinter Nachteilsausgleich verstecken können (IP9.Z365-368)	Nachteilsausgleich darf keine Anreiz zum Aussetzen des Lernens/der Mitarbeit sein	
2 Lehrer im Klassenraum zur Förderung (IP1.Z28-29, IP1.Z291-292)	Unterricht mit mehr Lehrern als Möglichkeit zur intensiveren Betreuung von Schülern	**K1.2** Team-Teaching ermöglicht eine bessere Betreuung der Klasse insgesamt und damit verbunden von legasthenen Kindern
Anweisungen, Erläuterungen, Arbeitsaufträge und Regeln auch auf Deutsch zur Verfügung stellen (IP5.Z8, IP5.Z58, IP5.Z73)	Arbeitsanweisungen sollten auch auf Deutsch zur Verfügung gestellt werden	**K1.3** Im Unterricht mit Legasthenikern sollte zugunsten eines leichteren Zugangs und besserer Verständlichkeit häufiger auf

Grundaussage K'	Generalisierung	Reduktion → Kategorie K
Lehrer sollte legasthenen Kindern beim Schreiben von Tests Inhalte auf Deutsch vorlesen (IP1.Z21-23)		die deutsche Sprache zurückgegriffen werden
Mehr deutsche Unterrichtsanteile einfließen lassen (IP8.Z8-9)	Mehr deutsche Sprachanteile im Unterricht	
Unverstandene Dinge auf Deutsch übersetzen & erklären spart Zeit (IP9.Z231-233)	Unklarheiten auf Deutsch klären	
Materialausstattung in Klassenräumen muss verbessert werden, z.B. durch stationäre Kassettenrecorder, Medienausstattung etc. (IP3.Z389-391, IP9.Z216-218)	Medien- und Materialausstattung in Klassenräumen muss verbessert werden	**K1.4** Die Medien- und Materialausstattung in Klassenräumen muss vielschichtige Förderung möglich machen
Als Lehrer überlegen, was dem legasthenen Kind als Hausaufgabe aufgegeben werden kann und Lernhilfen mitgeben. (IP2.Z72-73)	Hausaufgabe an die Leistungsfähigkeit des legasthenen Kindes anpassen	**K1.5** Die Verarbeitungsprobleme des legasthenen Kindes sollten in allen Bereichen berücksichtigt werden
Auf die Verarbeitungsprobleme des Kindes eingehen und verständnisvoll damit umgehen (IP4.Z234-237)	Verarbeitungsprobleme des legasthenen Kindes berücksichtigen	
Der Klasse sagen, warum ein legasthenes Kind nun nicht unbedingt an die Tafel kommen muss (IP2.Z53-55)	Klasse über Ausnahmeregelungen für das legasthene Kind informieren	**K1.6** Falls möglich sollte die Klasse für die Problematik Legasthenie sensibilisiert werden, um den Um-

Grundaussage K'	Generalisierung	Reduktion → Kategorie K
Die Klasse sensibilisieren dafür, dass ein Kind eventuell ein anders gestaltetes Arbeitsblatt bekommt (IP6.Z94-97)		gang mit legasthenen Schülern zu erleichtern
Das Kind nicht vor der ganzen Klasse vorlesen lassen (IP7.Z158-159)	Das Kind nicht vorführen	
Kinder positiv verstärken: z.B. „5 Aufgaben von 10 richtig" anstatt „5 Aufgaben von 10 falsch" (IP3.Z232-234)	Positive Verstärkung	**K1.7** Psychologische Situation und Motivation des Legasthenikers durch Offenheit und Positivität stärken
Fehler vor der ganzen Klasse ins Positive kehren (IP8.Z148-152)		
„Keine Frage ist dumm" (IP6.Z118)	Offen alle Fragen zulassen	
Stress blockiert Schüler beim Lernprozess (IP3.Z358-359)	Aufbau von Stress vermeiden	
Rechtschreibfehler werden nur dann gewertet, wenn sie die Bedeutung verändern oder ein neues Wort erzeugen (IP1.Z39-41, IP2.Z133-134)	Wertung eines Rechtschreibfehlers bei Erzeugung eines neuen Wortes	**K1.8** Fehlerbewertung muss differenzieren nach legasthenen Wahrnehmungsfehlern und Grammatik-/Wortfehlern
Lehrer muss abwägen, wo Schrift bewertungsrelevant ist und wo nicht (IP2.Z128-129)	Bewertungsrelevanz von Schrift in Abhängigkeit legasthenischer Wahrnehmungsfehler	
Lehrer muss abwägen, ob Fehler legasthenischer Wahrnehmungsfehler oder Grammatikfehler ist (IP9.Z108-110, IP9.Z125-134, IP10.Z19-21)		

Grundaussage K'	Generalisierung	Reduktion → Kategorie K
Gutachten enthalten keine Hinweise auf Problembereiche des Kindes (IP1.Z54-56)	Gutachten enthalten keine Hinweise auf Problembereiche des Kindes	**K1.9** Psychologische Gutachten über Legasthenie müssen Teilleistungsstörungen eindeutig benennen
Lehrer wissen oft nicht mit Legasthenie umzugehen bzw. sind damit überfordert (IP5.Z45-46, IP6.Z15-16)	Lehrer muss über Legasthenie informiert sein	**K1.10** Das Thema Legasthenie stellt unverzichtbares Wissen für die Lehrperson dar
Lehrer muss sich über Legasthenie informieren (IP7.Z135, IP10.Z13-14)		
Lehramtsausbildung, Studium und Fortbildung müssen verpflichtend Wissen über Legasthenie vermitteln (IP9.Z152-154, IP10.Z107-113)	Thema Legasthenie muss Bestandteil von Ausbildung sein	
Lehrer muss auf andere Lernhilfen zurückgreifen (IP5.Z151)	Andere Lernhilfen zur Förderung einsetzen	**K1.11** Zusätzliche Lernhilfen und größere Unabhängigkeit von Lehrwerken ermöglichen bessere Förderung von Legasthenikern
Lehrer muss durch den Lehrplan die nötigen Freiheiten haben, unabhängiger vom Schulbuch zu arbeiten (IP5.Z157-158)	Mehr Unabhängigkeit von Lehrwerken	
„Offene Lernformen" bieten legasthenen Kindern die Möglichkeit, in ihrem Tempo zu arbeiten (IP1.Z270-272, Z221-223)	Offene Unterrichtsformen ermöglichen Anpassung des Tempos an Anforderungen der Legastheniker	**K1.12** Der Unterricht sollte sich in der Geschwindigkeit an der langsameren Aufnahmefähigkeit legasthener Kinder orientieren, z.B.

Grundaussage K'	Generalisierung	Reduktion → Kategorie K
Die Geschwindigkeit allgemein und die Sprechgeschwindigkeit des Lehrers muss deutlich im Vergleich zum normalen Unterricht verringert werden (IP8.Z5-7, IP8.Z15)	Geschwindigkeit im Unterricht reduzieren zwecks besserer Informationsaufnahme	durch Verlangsamung des Sprechens und entsprechende Unterrichts-/ Sozialformen
Kind direkt ansprechen und in die Augen schauen, um unmittelbare Aufmerksamkeit zu erzeugen (IP8.Z139-143)	Augenkontakt suchen zwecks gesteigerter Aufmerksamkeit	**K1.13** In Interaktion mit legasthenen Schülern deren Augenkontakt suchen, um die Aufmerksamkeit zu erhöhen
Förderung von Aufmerksamkeit ist unumgänglich, z.B. durch Tangram, Mandalas, Phantasiereisen, Bewegung etc. (IP3.Z301-304, IP3.Z309-314, IP9.Z67-73)	Förderung von Aufmerksamkeit als Bestandteil des Unterrichts	
Gedächtnistraining und kognitives Training zur Förderung von Merkfähigkeit und Konzentration sehr wichtig (IP7.Z97-98)	Gedächtnistraining und kognitives Training als Bestandteil des Unterrichts	**K1.14** Förderung von auf den Englischunterricht zugeschnittene Aufmerksamkeit, Gedächtnis- und Lerntraining sollten Anteile am Unterricht erhalten
Auf das Kind zugeschnittene Lerntechniken vermitteln (IP4.Z241-243)	Lerntechniken vermitteln	
Vermittlung von auf die englische Sprache zugeschnittenen Lerntechniken (IP4.Z176-182)	Vermitteln von auf die englische Sprache zugeschnittene Lerntechniken	

Grundaussage K'	Generalisierung	Reduktion → Kategorie K
Grammatik vermitteln (Bereich K2)		
Grammatik visuell darstellen, anschaulich arbeiten (IP1.Z137-138, IP5.Z74-76, IP6.Z104, IP7.Z73)	Grammatikvermittlung stark anschaulich und visuell erarbeiten	**K2.1** Grammatik sollte anschaulich erarbeitet werden
Inhalte müssen häufiger wiederholt werden (IP4.Z127-131, IP7.Z74-75, IP8.Z21-24, IP8.Z97-98)	Deutlich mehr Wiederholungen notwendig	**K2.2** Grammatische Inhalte müssen öfter wiederholt werden als mit Nicht-Legasthenikern
Einsatz von lebensnahen Beispiele fördert Verständnis (IP3.Z256-257)	Einsatz von lebensnahen Beispiele fördert Verständnis	**K2.3** Lebensnahe Beispiele einsetzen
Grammatik, Arbeitsblätter und Schulbücher müssen gut strukturiert sein (IP3.Z199-201, IP4.Z135-137, IP5.Z57, IP5.Z166-167, IP10.Z84-85)	Arbeitsmaterial muss gut strukturiert sein	**K2.4** Das Arbeitsmaterial muss klar, übersichtlich und einfach strukturiert sein
Grammatik, Arbeitsblätter dürfen nicht zu viel Informationen und Text enthalten (IP5.Z76-78, IP6.Z68-69, IP8.Z95, IP10.Z85-87)	Arbeitsmaterial darf keine überflüssigen Text- oder Gestaltungselemente enthalten	
Arbeitsblätter sollten keine überflüssigen, gestalterischen Elemente enthalten, da diese ablenken (IP10.Z87-90)		
Grammatik/-beiheft müsste mehr auf legasthene Kinder ausgerichtet sein (IP6.Z147-148)		
Gesonderte Grammatikmappe anlegen (IP1.Z117, IP5.Z89-90)	Gesonderte Grammatikmappe anlegen	**K2.5** Gesonderte Grammatikmappe anlegen

Grundaussage K'	Generalisierung	Reduktion → Kategorie K
Schreiben bei Grammatikübungen nach Möglichkeit mit Lückentexten etc. reduzieren (IP8.Z25-29)	Schreiben bei Grammatikübungen nach Möglichkeit reduzieren	**K2.6** Schreibanteile in Grammatikübungen reduzieren
LÜK-Kästen zur Erarbeitung von Grammatik nutzen zwecks höherer Anfangsmotivation (IP5.Z78-82)	LÜK-System zwecks höherer Motivation zum Grammatiklernen einsetzen	**K2.7** LÜK-System zwecks höherer Motivation zum Grammatiklernen einsetzen
Mit LÜK-Kästen arbeiten (IP6.Z66-67)		
Transfer zur Grammatik der Muttersprache muss hergestellt werden (IP3.Z144-145)	Grammatikvermittlung sollte Transfer zur Muttersprache (Deutsch) beinhalten	**K2.8** Grammatikvermittlung sollte Transfer zur Muttersprache (Deutsch) beinhalten
Gutes Lernmaterial ist Grundvoraussetzung für gute Grammatikvermittlung (IP3.Z190-191)	Zur Verfügung gestellte Lernhilfen müssen spezifisch und qualitativ hochwertig sein	**K2.9** Spezifisch auf Legastheniker zugeschnittenes und qualitativ hochwertiges Lernmaterial fördert Grundmotivation und Lernfortschritt
Hilfen, die die Schüler bekommen sind zu unspezifisch (IP4.Z25-27)		
Gutes Lernmaterial motiviert Kinder zum Lernen (IP3.Z213)	Qualitativ hochwertiges Lernmaterial erzeugt höhere Motivation	
Motivation oft grundlegendes Problem beim Lernen (IP10.Z8)		
Grammatik spielerisch erarbeiten auch durch Elemente der Montessori-Pädagogik (IP3.Z149-152)	Grammatik spielerisch erarbeiten z.B. durch Montessori-Elemente	**K2.10** Grammatik spielerisch erarbeiten z.B. durch Montessori-Elemente

Grundaussage K'	Generalisierung	Reduktion → Kategorie K
Grundlegend wichtig ist, z.B. mithilfe von Kärtchen den Aufbau von Sätzen zu trainieren (IP3.Z236-239)	Lernkarten zum Beispiel zur Vermittlung des Satzaufbaus einsetzen	**K2.11** Lernkarten zum Beispiel zur Vermittlung des Satzaufbaus einsetzen
Legasthene Kinder sind intelligent und begreifen die Grammatik (IP9.Z344-345)	Legasthene Kinder sind intelligent und begreifen die Grammatik	**K2.12** Legasthene Kinder sind intelligent und begreifen die Grammatik
Tafelbilder müssen deutlicher geschrieben und klarer strukturiert sein (IP8.15-19, IP8.Z152-155)	Klarere Struktur des Tafelbilds	**K2.13** Tafelbilder sollten eine klare Struktur haben und nicht zu umfangreich sein bzw. wenn umfangreich, dann zur Entlastung des legasthenen Kindes als Handout vorbereitet sein
Umfangreiche Tafelbilder ausgedruckt als Handout vorbereiten, um den Legastheniker zu entlasten (IP8.155-161)	Umfangreiche Tafelbilder vorher als Handout vorbereiten	

Vokabeln lernen & Wortschatz erarbeiten (Bereich K3)		
Vokabellernen in kleineren Einheiten (IP1.Z151-154)	Vokabellernkarteien einsetzen auch in Form von Computerprogrammen, um systematisches Lernen zu ermöglichen	**K3.1** Vokabellernen mit Vokabelkarten/-karteien sinnvoll unter folgenden Voraussetzungen:
Vokabellernkarten/-karteien einsetzen (IP7.Z46, IP10.Z24-25)		
Lernen von Vokabeln mit PC-Vokabellernsystem „Phase 6" (IP3.Z130, IP4.Z165)		• Kontrolle auf Richtigkeit selbsterstellter Karten durch Lehrperson • Zunächst wichtigster Grundwortschatz • Zeitaufwand reduzieren
Selbst erstellte Vokabellernkarten von anderer Person als dem legasthenen Kind kontrollieren lassen (IP8.Z63-64)	Selbst erstellte Vokabellernkarten kontrollieren lassen	• Hyperkinetische Problematik unter Kontrolle • Möglichst mit visueller Unterstützung arbeiten

Grundaussage K'	Generalisierung	Reduktion → Kategorie K
Vokabellernen mit System sinnvoll, wenn zunächst mit den wichtigsten Wörtern bzw. Grundwortschatz gefüllt (IP4.Z169-171, IP8.Z73)	Zunächst Grundwortschatz lernen	
Lernen mit Vokabelkarten zeitaufwändig (IP1.Z159-161)	Lernen mit Vokabelkarten zeitaufwändig	
Lernen mit Vokabelkarten mit hyperkinetischen Kindern problematisch (IP2.Z149-152, IP5.Z112-115)	Lernen mit Vokabelkarten mit hyperkinetischen Kindern problematisch	
Vokabellernkarten mit Bildern erspart Lesen des deutschen Begriffs (IP5.Z22-25)	Deutsche Begriffe durch Bilder ersetzen	
Einander ähnliche Wörter (z.B. bei unregelmäßigen Verben) zusammenfassen und auf den Vokabelkarten Hinweise geben: z.B. „chicken verbs" o.ä. (IP5.Z127-139, IP6.Z125-129)	Mit unterstützender Symbolik, Hilfen und Anweisungen arbeiten	
Worte durch Zerlegen erarbeiten (IP1.Z163)	Worte durch Zerlegen erarbeiten	**K3.2** Vokabeln auf visueller Ebene durch Zerlegen, räumliche Darstellung und Bilder vermitteln
Visuelles Erarbeiten von hochfrequenten Wörtern wie auch z.B. *the, that, these etc.* durch dreidimensionale Darstellung (IP3.Z94-97)	Hochfrequente Wörter durch dreidimensionale Darstellung erarbeiten	

Grundaussage K'	Generalisierung	Reduktion → Kategorie K
Vokabeln visuell durch Abspeichern von Buchstabenlänge/-größe abspeichern (IP10.Z29-32)	Vokabeln durch Abspeichern von Buchstabenlänge/-größe lernen	
Vokabellernen mit Bildern (IP5.Z22-25, IP6.Z73, IP9.Z180-182)	Vokabellernen mit Bildern	
Kinästhetisches Erarbeiten von Wörtern durch Fühlen, Malen in Sand (IP1.Z164, IP9.Z276-290)	Kinästhetisches Erarbeiten von Wörtern	**K3.3** Vokabeln kinästhetisch erarbeiten
Vokabellernen durch Aufnehmen auf Recorder von anderer Person, um den auditiven Kanal anzusprechen (IP5.Z118-122)	Vokabeln auditiv lernen und vermitteln	**K3.4** Vokabeln auditiv lernen und vermitteln
Vokabeln spielerisch z.B. durch Memory oder Domino erarbeiten zwecks höherer Motivation und besserer neuronaler Verknüpfung (IP9.Z172-172, IP9.Z185.195)	Vokabeln spielerisch erarbeiten zwecks höherer Motivation und besserer neuronaler Verknüpfung	**K3.5** Vokabeln spielerisch erarbeiten zwecks höherer Motivation und besserer neuronaler Verknüpfung
Vokabeln auf Klebezetteln an häufig frequentieren Orten anbringen (IP10.Z72-74)	Vokabeln auf Klebezetteln an häufig frequentieren Orten anbringen	**K3.6** Vokabeln auf Klebezetteln an häufig frequentieren Orten anbringen
Vokabeln in Zusammenhängen als Wortfelder (*networks, mindmaps*) lernen (IP8.Z66-72)	Vokabeln in Zusammenhängen lernen	**K3.7** Vokabeln in Zusammenhängen lernen
Vokabellernen in Listenform ist ineffektiv (IP9.Z195-200)	Vokabellernen in Listenform ist ineffektiv	

Grundaussage K'	Generalisierung	Reduktion → Kategorie K
Vokabellernen durch wiederholtes Aufschreiben sowohl auf Deutsch als auch auf Englisch (IP2.Z145-146)	Vokabellernen durch wiederholtes Schreiben	**K3.8** Vokabellernen durch wiederholtes Schreiben
Vokabellerntechnik muss zum Kind passen (IP3.Z37-38, IP3.Z136-139)	Vokabellerntechnik sollte dem Lerntyp des legasthenen Kindes angepasst sein	**K3.9** Das legasthene Kind sollte nur so viele Vokabeln nach der für ihn passenden Vokabellerntechnik lernen, wie er bewältigen kann
Bei der Vokabelarbeit sollte im Vornherein eine Lerntypentestung vorgenommen werden mit Unterscheidung nach auditiv, visuell und kinästhetisch (IP3.Z58-60, IP3.Z78)		
Der Legastheniker sollte nur so viele Vokabeln lernen müssen, wie er effektiv schaffen kann (IP10.Z92-93)	Der Legastheniker sollte nur so viele Vokabeln lernen müssen, wie er effektiv schaffen kann	
Das Abfragen von Vokabeln sollte mündlich erfolgen (IP5.Z173)	Abfragen oder Abtesten von Vokabeln sollte mündlich erfolgen	**K3.10** Abfragen oder Abtesten von Vokabeln sollte mündlich erfolgen
Vokabeltests sollten nicht schriftlich abgeliefert werden müssen (IP7.Z142)		

Aussprache & Rechtschreibung (Bereich K4)		
Orthographievermittlung ist zu eng mit Wortbedeutung verknüpft und hat damit einen zu geringen Stellenwert (IP4.Z191-196)	Vermittlung von Orthographie muss eine höhere Wichtigkeit erhalten	**K4.1** Vermittlung von Orthographie muss eine höhere Wichtigkeit erhalten

Grundaussage K'	Generalisierung	Reduktion → Kategorie K
Hören sollte deutlich an erster Stelle stehen, bevor am Schriftbild gearbeitet wird (IP2.Z25-27)	Hören ist wichtiger als Schreiben	**K4.2** Hören und Sprechen sollten den ersten Schritt beim Fremdsprachenlernen darstellen
Reihenfolge beim Lernen: Hören & Verstehen, Sprechen, Lesen, Schreiben (IP9.Z38-40)		
Sprache hat mit Sprechen zu tun, dementsprechend sollte das Sprechen natürlicherweise den ersten Schritt darstellen (IP9.Z20-23)	Sprechen sollte natürlicherweise den ersten Schritt darstellen	
Wenn Rechtschreibprobleme bei legasthenen Kindern im Englischen bestehen, bestehen diese vermutlich auch im Deutschen (IP9.Z45-50)	Rechtschreibprobleme bestehen nicht nur in Englisch, sondern auch in Deutsch	**K4.3** Förderung von Aussprache und Rechtschreibung sollte Bezüge zur deutschen Sprache herstellen
Förderung auf Basis einer Diagnostik im Bereich Deutsch aufbauen (IP7.Z6-7)		
Vergleiche zur deutschen Sprache aufzeigen (IP5.Z9-11)	Bei der Vermittlung von Aussprache und Rechtschreibung Vergleiche zum Deutschen ziehen	
Lautschrift verwirrt Kinder mehr als dass sie hilft (IP5.Z31-32, IP7.Z50-52, IP8.Z133-134)	Lautschrift sollte nicht eingesetzt werden	**K4.4** Lautschrift sollte nicht eingesetzt werden
Wortbildspeicherung trainieren: visuell Reihenfolgen merken, auch spielerisch (IP7.Z62-65)	Wortbildspeicherung spielerisch trainieren	**K4.5** Das Wortbild sollte zugunsten einer bessern Speicherung mit verschiedenen Ansätzen, meist

Grundaussage K'	Generalisierung	Reduktion → Kategorie K
Übungen zum Wortbildgedächtnis: Laufdiktate, Lauf-Merk-Übungen (IP7.Z36-39)	Methoden zur Wortbildspeicherung: • Laufdiktate, Lauf-Merk-Übungen • Nachfahren oder Nachschreiben mit Stift • Wortaufbau-Wortabbau-Methode	spielerisch, erarbeitet werden
Aufbauen von Wortbildgedächtnis durch Nachfahren mit Stift (IP10.Z48-55)		
Übungen zum Wortaufbau: Wortaufbau – Wortabbau (IP7.Z40)		
Schüler schreiben, wie sie die Laute hören = lautgetreue Verschriftlichung (IP3.Z14-16)	Schüler schreiben, wie sie hören	**K4.6** Mit geeigneten Materialien systematisches, differenzierendes Graphem-Phonem-Training in Verbindung mit Hörschulung und Mundgymnastik durchführen
Schulung der Wortverarbeitung in Bezug auf auditive Teilleistungsstörungen (IP7.Z100-101)	Wortverarbeitung auditiv schulen	
Systematisches Graphem-Phonem-Training durchführen und systematische, in der deutschen Sprache verankerte Fehlerquellen angehen, d.h. Ähnlichkeiten im Deutschen analytisch mithilfe von Wortmaterial erarbeiten (IP4.Z35-40, IP4.62-66)	Graphem-Phonem-Training und Mundgymnastik zur Differenzierung von Lauten und den entsprechenden Schreibweisen einsetzen	
Differenzierung von einzelnen Lauten trainieren (IP5.Z149-151)		
An der Hörschulung arbeiten, z.B. „Können die Kinder das ‚th' hören?" (IP2.Z41-43)		

Grundaussage K'	Generalisierung	Reduktion → Kategorie K
Aussprache in Verbindung mit Mundgymnastik trainieren (IP3.Z279-281)		
Ausspracheschulung mithilfe der Mittel des Lehrbuchs und zusätzlicher Materialien sinnvoll (IP2.Z182-183)	Materialien zur Ausspracheschulung einsetzen	
Satzmelodie und Betonung schulen (IP3.Z174-176)	Satzmelodie und Betonung schulen	**K4.7** Satzmelodie und Betonung schulen
Aussprache mithilfe von *native speaker* fördern (IP3.Z154, IP3.Z395-402)	*Native speaker* zur Förderung der Aussprache einsetzen	**K4.8** Die Aussprache der Lehrperson ist von besonderer Wichtigkeit für die Ausspracheschulung und könnte durch Einsatz eines *native speaker* unterstützt werden
Bei der Förderung legasthener Kinder sollte der Englischlehrer über eine fundierte Aussprache verfügen (IP3.Z162-163)	Lehrer muss über eine fundierte Aussprache verfügen	
Schüler beim Sprechen konsequent verbessern und falsche Sätze wiederholen lasse (IP8.Z118-122)	Konsequent Aussprachefehler korrigieren und richtige Aussprache wiederholen lassen	**K4.9** Konsequent Aussprachefehler korrigieren und richtige Aussprache wiederholen lassen
Förderung von Ausdruck über kurze Sätze und Redewendungen, dabei längere Sätze erst ab Klasse 7 (IP2.Z205-209)	Förderung von Ausdrucksfähigkeit erst ab höheren Jahrgangsstufen möglich	**K4.10** Förderung von Ausdrucksfähigkeit erst ab höheren Jahrgangsstufen möglich
Förderung von Ausdruck eher schwierig in den frühen Jahrgangsstufen (IP5.Z103-106)		
Kurzformen wie *he's* und *it's* verwirren Legastheniker und sollten daher vermieden werden (IP5.Z36-43)	Kurzformen vermeiden	**K4.11** Kurzformen vermeiden

Grundaussage K'	Generalisierung	Reduktion → Kategorie K
Hör- und Leseverstehen fördern (Bereich K5)		
Hören sollte deutlich an erster Stelle stehen, bevor am Schriftbild gearbeitet wird (IP2.Z25-27, IP9.Z214)	Hören wichtigster Bereich der Förderung, Lesen sekundär	**K5.1** Hören und das Trainieren der akustischen Abspeicherung stellt den wichtigsten Bereich dar; Leseverständnis ist sekundär
Reihenfolge beim Lernen: Hören & Verstehen, Sprechen, Lesen, Schreiben (IP9.Z38-40)		
Zuerst akustische Abspeicherung, Bedeutungsverknüpfung und korrekte Aussprache (IP10.Z63-65)	Zuerst akustische Abspeicherung, Bedeutungsverknüpfung und korrekte Aussprache	
Aufmerksamkeit stärken, indem der Schüler erfährt, worum es im Hörverständnistext geht (IP8.Z101-105)	Schüler auf den Inhalt des Hörverständnistextes vorbereiten zwecks Steigerung der Aufmerksamkeit	**K5.2** Die Schüler auf den Inhalt eines Hörverständnistextes vorbereiten zur Aufmerksamkeitssteigerung
Hörverständnisbungen mehrmals vorspielen (IP1.Z176-177)	Hörverständnistexte wiederholt vorspielen/ vorlesen	**K5.3** Hörverständnistexte wiederholt vorspielen/ vorlesen
Zum Hörverständnistraining mehrmals vorlesen und den legasthenen Kindern bereits zum Mitlesen den Text vorlegen (IP5.Z15-16, IP5.Z154)		
Hörverstehensübungen in Form von Ankreuzübungen oder in denen nur einzelne Wörter geschrieben werden müssen (IP1.Z185-186, IP8.Z105-107)	Schreibanteil bei Arbeitsblättern zu Hörverständnisübungen reduzieren	**K5.4** Schreibanteil bei Arbeitsblättern zu Hörverständnisübungen reduzieren

Grundaussage K'	Generalisierung	Reduktion → Kategorie K
Lesen verbraucht so viel Energie, dass für das Verständnis nichts mehr übrigbleibt (IP5.Z13-14)	Lesen verbraucht sehr viel Energie zu Lasten des Verständnisses	K5.5 Leseverständnis muss als wichtiger Kernprozess einen Kompromiss zwischen Inhalt und Textlänge darstellen
Lesen ist sehr wichtig (IP7.Z77)	Lesen ist sehr wichtig	
Leseübungen mit begleitenden CDs, damit Kinder Wortklang und Schriftbild miteinander kombinieren können (IP7.Z84-85)	Verbindung von Leseübungen mit auditiver Begleitung des Textes zur besseren Kombination von Wortklang und Schriftbild	K5.6 Verbindung von Leseübungen mit auditiver Begleitung des Textes zur besseren Kombination von Wortklang und Schriftbild
Das Kind nicht vor der ganzen Klasse vorlesen lassen (IP7.Z158-159)	Das Kind nicht vor der ganzen Klasse vorlesen lassen	K5.7 Das Kind nicht vor der ganzen Klasse vorlesen lassen

Sonstiges (Bereich K6)		
Einzelbetreuung in Privatunterricht ist wichtig (IP1.Z97-98)	Effektive Legasthenieförderung muss in Einzel- oder höchstens Zweiergruppen geschehen	K6.1 Effektive Legasthenieförderung muss in Einzel- oder höchstens Zweiergruppen geschehen
Erfolgreiche Förderung schwerer Legasthenien muss in Einzeltherapie oder Zweiergruppen erfolgen (IP7.Z128-130)		
Legasthenieförderung ist in Schulen mit Klassenstärken von etwa 30 Kindern kaum möglich (IP5.Z175-176)	Schule kann aufgrund hoher Schülerzahlen in Klassen legasthene Kinder nicht ausreichend fördern	K6.2 Trotz dass die Schule legasthene Kinder aufgrund zu hoher Klassengrößen nicht ausreichend fördern kann, sollte Legasthenie-

Grundaussage K'	Generalisierung	Reduktion → Kategorie K
Schule kann nicht so binnendifferenzieren, wie es nötig wäre (IP10.Z96-97)		förderung Sache der Schule sein und sollte: • kostenfrei zugänglich sein,
Schulsystem ist auf Legasthenieförderung nicht ausgelegt (IP5.Z184-185, IP8.Z165-170)		• möglichst auch in den Fremdsprachen geschehen • in höheren Schulen bereits ab der 5. Klasse geschehen
Legasthenieförderung ist Sache der Schule, wenn sie Eltern zugänglich ist (IP2.Z101-102)	Legasthenieförderung ist Sache der Schule und sollte damit verbunden keine Frage des Geldes sein	• möglichst von ausgebildeten Legasthenietrainern übernommen werden
Legasthenieförderung gehört in die Schule, da es Sache des Staates ist und keine Geldfrage sein sollte für Eltern, die sich private Hilfe nicht leisten können (IP6.Z170)		
Schule muss den Mut haben, Förderung z.B. in Förderblöcken anzubieten (IP6.Z188, IP6.Z193-196)	Schule muss feste Förderstunden anbieten für mehrere Jahrgangsstufen differenziert nach Fächern	
Eine feste Förderstunde pro Woche für mehrere Jahrgangsstufen für verschiedene Fächer wäre optimal (IP6.Z61-65, IP6.Z193-196)		

Grundaussage K'	Generalisierung	Reduktion → Kategorie K
Legasthenie-Förderung muss auch im Fach Englisch direkt ab Klasse 5 geschehen, da Schüler für Deutsch oft andere Umgangsstrategien entwickeln (IP2.Z80-83, IP2.Z246-251)	Legasthenieförderung muss in Englisch bereits in der 5. Klasse geschehen	
Externe, ausgebildete Legasthenietrainer sollten die Förderung in den Schulen übernehmen (IP5.Z222-223)	Schulische Förderung sollte von ausgebildeten Legasthenietrainern übernommen werden	
Schulförderung unterstützend oder in Kombination (IP1.Z100-103, IP7.Z123)	Kombination von schulischer und externer Förderung optimal	**K6.3** Kombination von schulischer und externer Förderung optimal in Abhängigkeit vom Schweregrad der Legasthenie
Eine Kombination aus Förderung in der Schule und externer Förderung wäre optimal (IP3.Z372)		
Ob externe oder schulische Förderung hängt vom Ausprägungsgrad der Legasthenie ab (IP7.Z122-123)	Ob externe oder schulische Förderung hängt vom Schweregrad der Legasthenie ab	
Basales Wahrnehmungstraining fördert legasthene Kinder (IP1.Z232-233, IP5.Z206)	Basales Wahrnehmungstraining ist effektiv	**K6.4** Basales Wahrnehmungstraining in Kombination mit Symbolen ist im Englischunterricht effektiv
Basales Wahrnehmungstraining unter Einbeziehung von Symbolen fördert legasthene Kinder (IP7.Z109-116)	Basales Wahrnehmunstraining in Kombination mit Symbolen (auch englischen) ist effektiv	

Grundaussage K'	Generalisierung	Reduktion → Kategorie K
Basales Wahrnehmungstraining wird auch in Verbindung mit englischen Symbolen eingesetzt (IP9.Z73-77)		
Alternative Therapiemethoden wie Kinesiologie, NLP und Davis-Methode wecken falsche Hoffnungen und sind ineffektiv (IP4.Z210-228)	Alternative Therapiemethoden sind ineffektiv	**K6.5** Alternative Therapiemethoden sind ineffektiv
BrainGym wird erfolgreich als Baustein des Trainings eingesetzt (IP5.Z197-198, IP9.Z68-70)	*BrainGym* fördert Aufmerksamkeit und wird erfolgreich im Training eingesetzt	**K6.6** Alternative Therapieansätze wie *BrainGym* können im Training erfolgreich auch insbesondere zur psychologischen Stärkung der kindlichen Persönlichkeit eingesetzt werden
BrainGym fördert die Aufmerksamkeit durch Aktivierung beider Gehirnhälften in Überkreuzübungen (IP7.Z91-93)		
Viele verschiedene, auch alternative, Lerntherapien führen zum Erfolg (IP10.Z116-118)	Viele verschiedene Therapienansätze führen zum Erfolg	
Mit alternativen Methoden kann auch die Persönlichkeit legasthener Kinder gestärkt werden (IP5.Z215-217)	Alternative Ansätze stärken die Persönlichkeit des Kindes	

Waxmann

Wilfried Bos, Sabine Hornberg,
Karl-Heinz Arnold, Gabriele Faust,
Lilian Fried, Eva-Maria Lankes,
Knut Schwippert, Renate Valtin (Hrsg.)

IGLU 2006 –
die Grundschule auf dem Prüfstand

Vertiefende Analysen zu Rahmenbedingungen schulischen
Lernens

2010, 260 Seiten, br., 29,90 €, ISBN 978-3-8309-2340-4

Worin unterscheiden sich Kinder mit Legasthenie von leseschwachen
Kindern? Welche Präferenzen haben Eltern und Lehrkräfte in
Deutschland, wenn es um Schulwahlempfehlungen am Ende der
Grundschule geht? Kann man große Klassen erfolgreich unterrichten?
Wie steht es um die Akzeptanz und Wirksamkeit der neuen Schulein-
gangsstufe in Deutschland und wie hängen das Bildungsangebot und
die Schülerkompetenzen in Ganztagsgrundschulen zusammen?

Dies sind nur einige der Fragen, die in diesem dritten Band zu IGLU
2006, der Internationalen Gundschul-Lese-Untersuchung, aufgewor-
fen und mit Hilfe empirischer Daten erörtert werden. Deutschland
beteiligt sich seit 2001 an dieser internationalen Schulleistungsstudie,
die im Turnus von fünf Jahren stattfindet und mit der die Lesekompe-
tenzen von Schülerinnen und Schülern am Ende der vierten Klasse
getestet sowie wichtige Informationen zu den Rahmenbedingungen
schulischen Lernens in Deutschland und im internationalen Vergleich
erhoben werden. Die hier versammelten Beiträge greifen bisher auf
der Basis von IGLU nicht berücksichtigte empirische Befunde zu
schulischen und außerschulischen Bedingungen des Lesenlernens auf
und stellen dazu vertiefende Analysen an.

MÜNSTER · NEW YORK · MÜNCHEN · BERLIN

Wolfgang Steinig, Dirk Betzel,
Franz Josef Geider, Andreas Herbold

Schreiben von Kindern im diachronen Vergleich

Texte von Viertklässlern aus den Jahren 1972 und 2002

2009, 412 Seiten, br., 34,90 €, ISBN 978-3-8309-2250-6

Seit den PISA- und IGLU-Studien wissen wir viel über die Lesekompetenz deutscher Schüler. Aber wie verhält es sich mit dem Schreiben?

Ein Vergleich der Textproduktion von Viertklässlern aus den Jahren 1972 und 2002 gibt Antwort auf zahlreiche Fragen: In welche Richtung haben sich Textgestaltung, Wortschatz, Grammatik, Rechtschreibung und Schriftbild verändert? Welchen Einfluss haben sozialstrukturelle Veränderungen auf das Schreiben von Kindern? In welchem Bezug steht die Schulartempfehlung am Ende der vierten Klasse zur Schreibkompetenz? Wie schreiben zweisprachige im Vergleich zu einsprachigen Kindern? Inwieweit prägen Lehrpläne und der Deutschunterricht die Textproduktion? Sind Schreibentwicklung und Sprachwandel durch Unterricht steuerbar?

Ein umfangreiches Textkorpus aus Dortmunder und Recklinghäuser Schulen ist Grundlage dieser Studie, die erstmals eine kontrollierte Erforschung der Schreibkompetenz deutscher Grundschüler im diachronen Vergleich erlaubt.

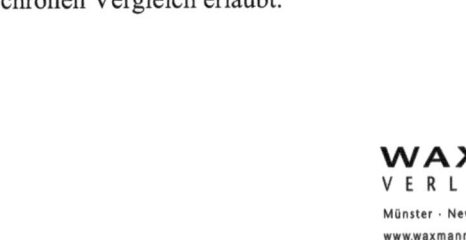 

WAXMANN
VERLAG GMBH
Münster · New York · München · Berlin
www.waxmann.com · info@waxmann.com